18 세 기 의

사랑

낭만의
혁명과
연애의
탄생

18 세 기 의

이영목·김영욱·민은경 외 지음

문학동네

인류의

역동을 이끄는

아름다운 힘

누구나 사랑을 한다. 인간은 사랑 없이 살아갈 수 없다. 혹여 생명을 부지하는 일은 가능할지 모르겠다. 하지만 가능하다 한들 숨만 붙어 있고 사랑 없는 삶, 그런 삶은 계속 호흡하고 싶은 삶일까? 이번에는 사랑이다. 일면 변덕스럽고 종잡을 수 없을 것 같지만 끝내 탐구해야 할 인간의 조건이다. 학문의 궁극은 인간을 향한다. 인류 역사의 동력인 사랑은 우리가 탐구하는 문학과 역사, 철학과 사회에 대한 성찰에도 커다란 흔적을 남기고 때론 변화를 이끌었다. 우리는 사랑을 진지하게 연구했다. 사랑의 마음으로. 볼테르가 말했듯이, "사랑하고 사유하는 데 바쳐진 삶이 진정한 삶"(*Micromégas*, 1752)이기에.

『18세기의 사랑: 낭만의 혁명과 연애의 탄생』은 『18세기의 맛』(2014), 『18세기 도시』(2018), 『18세기의 방』(2020)에 이은 한국18세기학회의 기획이다. '취향의 탄생과 혀끝의 인문학' '교류의 시작과 장소의 역사' '공간의 욕망과 사생활의 발견'이라는 앞선 세 권의 부제에서 보듯이, 학회가 발간한 책의 주제는 주관성의 객관화 또는 객관성의 주관화, 내면과 외면의 상호 전이, 개별과 보편의 조우가 18세기라는, 보다 정확히는 18세기의 일상생활이라는 구체적인 역사적 사회적 상황에서 드러내는 모습을 추적하는 일이다. 그 모습들이 비록 파편적이고 단면적이라 할지라도 그것을 통해 인간의 작은 진실을 발견하는 일은 기쁘기 그지없다고 믿기 때문이다.

이러한 믿음이 우리를 이 거창한 주제를 선택하도록 이끌었다. 문학과 예술의 영원한 주제인 사랑을, 우리 자신의 존재의 표현이자 그 자체를 근본적으로 변화시키는 그 복잡한 감정의 다양한 모습을 책 한 권에 담아내기란 당연히 쉽지 않음을 잘 알면서도 말이다.

유럽의, 특히 프랑스의 18세기는 '빛의 세기'이자 '철학자들의 세기'이다. 최요환과 김영욱은 프랑스 계몽주의의 대표적인 두 철학자, 볼테르와 디드로의 이야기를 전해준다. "개인적 삶을 공연히 드러냄으로써 사회라는 무대에 배우로서 등장"한 18세기 문인의 대표인 볼테르의 삶에서 샤틀레 부인은 거의 유일한 사랑이었다. 이들의 내밀한 관계에서 최요환은 "공개적이고 연극적인 측면"을 지적한다. 디드로는 소피Sophie라는, 지극히 18세기적인 이름을 가진 여인과 나눈 30년에 가까운 사랑을 187통의, 일방적인 편지에 담는다. 김영욱은 유물론자인 디드로가 죽음이라는 절대적 이별에 어떤 '과학적' 위안을 제시하는지 보여준다. 죽음을 통해 연인들은 분자로 해체되고 그 분자들이 다시 하나의 존재로 재결합할 것이다. 어떤 철학자들은 "생명을 얻게 된 석상이 점차 지식을 얻고 사랑의 감정을 갖게 되는 과정"에 주목한다. 이충훈은 피그말리온 신화의 18세기적 변형이 로크의 감각론과 함께 어떤 새로운 의미를 갖게 되는지 추적한다.

'낭만적 사랑'은 유럽 18세기의 위대한 발명품 중 하나다. 이경진은 슐레겔의 소설 등을 분석하여, 사랑과 우정 사이의 우열 관계에 대한 오랜 논쟁에 종지부를 찍고 사랑이 "인간관계 가운데 가장 총체적인 것이자 가장 배타적인 것"으로 격상하는 낭만적 사랑이라는 이데올로기의 형성 과정을 보여준다. 정희원은 중세의 아벨라르와 엘로이즈의 이야기에서 영감을 받은 루소의 주인공 쥘리, 또는 당대의 새로운 엘로이즈/엘로이자가 영국적 상황에서 수용되고 변형되는 과정을 추적하면서 낭만적 사랑의 여러 특성을 그린다.

18세기는 전시대의 '지리상의 발견'의 여러 좋고 나쁜 가능성들이 실현되는 시대다. 타자와의 만남이라는 새로운 성찰의 계기는 노예무역이라는 가장 비인간적인 현상과 동전의 양면을 이룬다. 민은경이 분석한 '잉클과 야리코의 이야기'는 이 불행한 결합의 전형적인 예를 보여준다. 류혜원은 '잉클과 야리코'로 대표되는 인종 간의 사랑과 그 연장인 혼혈과 유럽인의 사랑이 소설 속에서 어떻게 형상화되는지 추적한다. 이 새로운 형태의 사랑 또는 결합에 대한 독자들의 호기심과 비판적인 시각이 당시의 식민주의, 제국주의 이데올로기와의 관계 아래서 조명되고 있다.

이번 책에서 국학 및 동양학의 양적인 비중이 적다는 사실을 안타깝게 생각하지만, 수록된 글들의 뛰어난 수준이 큰 아쉬움을 조금이나마 달래준다. 고은임은 결혼과 사랑이 분리되고 여성의 내밀한 욕망이 직설적으로 기록되기 어려웠던 조선 사회에서 규방 여성의 내면과 현실이 한글 장편소설에서 어떻게 표현되는지 추적한다. 최형섭은 "성과 사랑이라는 관점에서" 당대의 다른 재자가인 소설과는 "다른 차원의 독특한 감각과 섬세한 필치"를 보여주는 중국의 18세기 소설『홍루몽』을 분석하고 있다. 조선과 중국의 소설에서의 이러한 변화는 여기서도 서구의 '낭만적 사랑'이라는 현상에 상응하는 새로운 인간관, 새로운 여성상과 남성상이 등장함을 증명한다고 생각한다. 이욱진은 남녀 간의 사랑의 진솔한 표현이라고 읽힐 수 있는『시경』이 18세기 청대 학자들에 의해 정치적으로 해석 또는 왜곡되는 현상을 분석한다. 이는 사랑에 가해지는 여러 금기들의 한 예라고 하겠다.

    한국18세기학회는 학제적 연구를 지향한다. 이는 문자 텍스트 외에도 미술, 음악 등 다양한 장르에 대한 관심이 열려 있음을 의미한다. 박재연은 18세기 신화화의 승격과 '페트 갈랑트'라는 주제의 유행을 통해 개인의 존재, 감각과 사랑에 대한 새로운 시각을 분석한다. 김한결은 18세기 프랑스의 여성 화가들이 자화상을 통해 애정이나 관음의 대상으로서의 수동적인 여성이 아닌 독립적이고 당당한 사랑의 주체로서 자아를 표현하는 모습을 그린다. 채승기는 모차르트가 계몽주의자라는 신화에 대한 비판적 접근에서 시작하여, 그의 오페라에서 새로운 개인의 성적 정체성의 확립과 혁명 직전의 격동하는 사회의 상징을 읽고 있다. 이영목은 18세기에 유행한 가짜 점과 부채의 사용과 연결된 여러 전설과 신화를 비판적으로 분석한다.

    사랑이라는 주제와 관련된 이 수많은 현상, 욕망, 그리고 이데올로기를 어떻게 이해할 것인가? 몽테스키외가 말했듯이 "법과 생활양식의 이 무한한 다양성이 인간이 단지 변덕에 이끌려 움직여왔다"는 증거로 볼 수 없다면, 그리고 "사물의 본질에서 필연적으로 도출되는 관계"가 있다면, 그래서 여러 법들을 관통하는 하나의 정신, 즉 "법들의 정신"이 있다면 우리는 이 사랑의 다양한 표현에서 어떤 인간의 본성을 읽을 수 있을까? 그렇게 자신하기에는 우리가 아는 현상과 우리의 이성이 너무 제한적이다. 다만 지금 현재로서는 "알려는 용기"를 가지고 "우리의 정원을 경작"할 뿐이다.

끝으로 이 책에 수록된 글들을 네이버 포스트에 연재하여 더 많은 독자들을 만나게 해주신 네이버 관계자분들께, 그리고 멋진 책을 만들어주신 문학동네 여러분들, 특히 구민정 차장님께 깊은 감사의 말씀을 드린다. 인문학과 종이책의 위기가 심화되는 이 시대이기에, 10년이 넘는 깊은 관심과 따뜻한 지원은 정말 소중하다.

2023년 12월
한국18세기학회회장 이영목

c o n t e n t s

머리말_인류의 역동을 이끄는 아름다운 힘·······························005

1부_ 사랑

유혹과 암호: 가짜 점, 부채 그리고 사랑의 커뮤니케이션·······················015
  _이영목

유물론자의 연애편지: 1759년 10월 15일 디드로가 소피 볼랑에게·············031
  _김영욱

문인, 유명인, 사랑: 볼테르의 경우······························043
  _최요환

사랑은 우정보다 좋은 것이다: 낭만적 사랑의 혁명··················057
  _이경진

낭만적 사랑, 첫눈에 반하는 것:
루소의 『쥘리, 신 엘로이즈』와 엘로이자의 후예들·················071
  _정희원

돌의 꿈과 생명의 감각: 피그말리온의 사랑······················083
  _이충훈

우아한 연회, 페트 갈랑트: 프랑스 신화화의 장면들················093
  _박재연

2부_ 사회

식민지 시대의 인종 간 사랑: 잉클과 야리코 이야기 ·············· 113
_민은경

피부색을 넘어선 사랑: 혼혈 여성과 결혼 ·············· 129
_류혜원

〈피가로의 결혼〉〈돈 조반니〉〈코지 판 투테〉:
모차르트의 풀리지 않는 사랑 방정식과 그의 오페라에 투영된 성 ·············· 155
_채승기

여성 화가의 자화상: 비제 르 브룅과 자화상 속 사랑의 모습 ·············· 169
_김한결

조선시대의 사랑과 결혼: 규방 여성의 로맨스 ·············· 185
_고은임

재자가인 소설 『홍루몽』: 남자를 미워한 남자 가보옥의 사랑 이야기 ·············· 195
_최형섭

남녀의 사랑과 군신의 의리: 경전이자 사랑 노래로서의 『시경』 ·············· 211
_이욱진

사랑

가짜 점, 부채
그리고
사랑의 커뮤니케이션

　　사랑을 하기 위해서는 먼저 상대에게 자신의 존재를 드러내고, 상대를 유혹하고, 최종적으로는 상대를 수락하거나 거절하기까지 많은 커뮤니케이션이 필요하다. 그리고 그 커뮤니케이션은 많은 경우 언어보다는 비언어적 수단으로 이루어진다. 특히 도구를 사용하는 데 능숙한 인간은 언어와 몸짓 외에도 이 과정에서 많은 창의적인 도구를 사용한다. 널리 퍼져 있는 속설에 따르면, 18세기 프랑스에서는 이러한 사랑의 비언어적 커뮤니케이션의 도구로 '가짜 점'과 부채가 적극적으로 사용되었다고 한다. 이 두 도구에 관한 전설과 진실을 살펴보려 한다.

작가 미상, 〈가짜 점과 연지 보관함Box for rouge and patches〉, 1750~1755, 뉴욕 메트로폴리탄미술관 소장.
연지와 가짜 점을 보관하는 작은 공간 두 개가 있고, 붓과 거울이 큰 공간에 들어간다.

가 짜 점 의 언 어

—

백옥 같은 피부는 세계 여러 문화권에서 미인이 갖추어야 할 요소 중 하나로 간주되어왔다. 이는 유럽, 그리고 프랑스에서도 마찬가지였다. 또한 그 하얀 피부에 흠이 없는 걸 금상첨화로 생각했다. 그런데 점은 일종의 결함인 동시에 하얀 피부를 돋보이게 하는 모순된 역할을 하기도 한다. 바로 이러한 효과 때문인지 '점'을 지칭하는 대표적인 프랑스어 표현은 'grain de beauté', 즉 직역하자면 '미의 알갱이'다.[1]

인류의 지혜는 인공을 통해 자연의 부족함을 보충하고 극복해왔다. 하얀 피부를 만들기 위해 사람들은 오래전부터 '분fard'을 만들어 썼다. 특히 프랑스에서는 대략 17세기경부터 천연두 자국을 비롯한 여러 흠결과 상처를 가리기 위해, 나아가 하얀 피부를 강조하기 위해 가짜 점을 만들어 얼굴과 사회 통념상 노출이 허락되는 피부 여러 곳에 붙이기도 했다.[2] 이 가짜 점, 인공 점을 프랑스어로 '무슈mouche'라고 하는데, 이는 곤충 '파리'와 철자가 같다. 보다 정확히 말하자면 파리와 가짜 점은 동음이의어나 동철이의어가 아니라, 비슷한 생김새로 인해 후자가 전자에서 유추적으로 파생된 의미 정도로 볼 수 있다. 실제로 아카데미 프랑세즈 사전의 1694년 초판본 'Mouche' 항목을 보면, 곤충이라는 첫번째 의미, 이어서 '밀정' 또는 '경찰의 끄나풀'이라는 두번째 의미가 소개되고, 끝으로 다음과 같은 세번째 서술이 이어진다.

부인들이 몇몇 혹을 감추거나 피부를 더 희게 보이기 위해 얼굴에 붙이는 검은 타프타 천 조각. 그녀의 얼굴은 온통 가짜 점으로 뒤덮여 있다. 가짜 점은 그녀에게 잘 어울리지 않는다. 가짜 점 보관함.

질 에듬 프티((Gilles Edme Petit),
(프랑수아 부셰François Boucher를
따라 제작한) 〈아침, 또는 부인의 화
장Morning〉, 1760, 메트로폴리탄
미술관 소장.
아침. 또는 부인의 화장. 이 가짜
점들은 눈과 피부에 생기를 부여
한다. 하지만 잘못 붙이면 아름다
움을 훼손한다.

뛰어난 장인이 만든 가짜 점.[3]

　　어떤 어휘나 표현이 사전에 수록되기까지는 적지 않은 시간이
걸린다는 사실을 생각해보면, 이미 17세기 후반에 가짜 점의 사용, 혹
은 남용("그녀의 얼굴은 온통 가짜 점으로 뒤덮여 있다")은 일반화된 현상으로
보인다. 실제로 1721년에 초판이 출간된 몽테스키외의 『페르시아인의
편지』에서 주인공 리카는 파리 여인들의 변화무쌍한 유행을 희화화하면
서 "때때로 얼굴에 놀랄 만한 숫자의 가짜 점이 보이다가 다음날이면 모
두 사라진다"[4]고 말한다. 19세기 초반 한 저자에 따르면, 가짜 점의 형
태는 일반적으로 원형이지만, 때로는 별이나 초승달 모양이고, 주로 관

은폐 · 위엄 · 뻔뻔스러움 · 우유부단 · 애교 · 쾌활 · 열정 · 바람기 · 과묵

자놀이, 눈가, 뺨, 입가, 이마에 붙인다고 했다. 유행을 따르는 여인들은 얼굴에 적어도 대여섯 개의 점을, 소박한 사람들은 세 개 정도의 점을 붙였다. 또한 여인들은 외출할 때 사고로 점이 떨어져 나갈 경우를 대비해 항상 점 보관함을 가지고 다녔다고 한다.[5]

18세기로 접어들면서 가짜 점은 피부의 흠결을 감추고 흰 피부를 강조하는 원래의 목적 외에도 새로운 기능을 가지게 된다. 즉, 점을 붙이는 얼굴의 위치에 따라 그 점의 의미가 달라지며 이를 통해 여인의 심리 상태를 표현하게 되었다는 것이다. "가짜 점의 언어langage des mouches" 또는 "가짜 점의 의미signification des mouches"라는 표현을 인터넷에 검색해보면, 이와 관련된 내용이 담긴 수많은 사이트를 찾아볼 수 있

위치	의미
이마	위엄majestueuse
눈가	암살자assassine 또는 열정passionnée
코	뻔뻔스러움effrontée 또는 활기gaillarde
뺨	연애galante
팔자주름	쾌활enjouée
입가	키스baiseuse
입술 아래	장난꾸러기friponne, 애교coquette, 또는 겉멋précieuse
턱	과묵discrète
가슴	너그러움généreuse
혹	은폐receleuse 또는 도둑voleuse

가짜 점의 위치에 따른 의미.

다. 또한 이 주장을 소개한 책[6]이나 논문도 있다. 최근에 발표된 학술논문은 바로 그 가짜 점의 위치에 따른 의미를 위와 같이 정리한다.[7]

우리가 가능한 한 점잖게 번역하기도 했지만, 이 단어들의 의미는 매우 애매할 수밖에 없다. 프랑스어가 우리 모국어가 아니기에 섬세한 뉘앙스를 파악하기 어렵기도 하고, 18세기에서 오늘날에 이르기까지 단어의 뜻이 많이 바뀌어서이기도 하지만, 본질적으로는 언어가 가진 다의성 때문이다. 턱에 붙인 점이 "과묵"을 뜻한다면, 그 여인이 아마도 입이 무거워 비밀을 잘 지킨다는 뜻, 또는 상대방에게 그런 미덕을 요구한다는 뜻일 것이다. 하지만 이마에 붙인 점이 "위엄"을 의미한다면, 그것은 접근을 금지한다는 뜻일까 아니면 지배 성향을 가진다는 뜻일까? "장난꾸러기"라고 우리가 번역한 'friponne'라는 단어는 원래 "사기꾼"이라는 뜻이다. "연애"라고 번역한 'galante'는 시대와 상황에 따라 '기사도적 예절'에서 '매춘'을 뜻하기도 한다. 참고로 얼굴에 가짜 점하나를 찍고 자신의 정체를 완전히 속인 채 전남편에게 복수를 시도하는 우리나라 드라마 주인공을 보면, 눈가의 점이 "암살자", 또는 "열정"을 의미하는 것이 상당히 타당해 보이기도 한다.

어쨌든 이 속설이 맞다면, 18세기 프랑스 여인들은 가짜 점을 통해 자신의 성향과 사랑을 받아들일 준비가 되었는지 아닌지를 표현하는 사랑의 위대한 커뮤니케이션 도구를 만들어내고 널리 사용한 것이다. 그러나 이것이 전부는 아니다. 그 여인들에게는 부채라는 또다른 멋진 도구가 존재하기 때문이다.

부 채 의   언 어
—

동서고금을 막론하고 더위를 식히거나 파리를 쫓는 목적으로 부채는 흔히 사용되었다. 그런데 한국, 중국, 일본 등 동아시아에 기원을 둔 접는 부채가 프랑스에 전해진 것은 아마도 16세기로 추정된다. 포르투갈 상인들이 동아시아에서 수입해 이탈리아에 전래된 접부채는 카트린 드메디시스가 프랑스의 앙리 2세와 결혼할 때(1533), 다른 많은 세련된 사치품 및 생활양식과 함께 가져온 것으로 추정된다. 접부채는 그러나 17세기에 가서야 유럽에서 보편적으로 사용되었고, 프랑스에서는 1678년에 부채 장인들의 동업조합이 만들어졌다.[8] 비슷한 시기부터 부채는 여러 장인 및 화가가 분업의 원칙에 따라 흑단, 상아, 호박, 귀금속 등 매우 사치스러운 재료들로 만드는 일종의 예술 작품으로 자리잡아

갔다. 부채는 귀족을 비롯한 상류 계층 여인들의 필수불가결한 소지품이 되었다.[9]

　　속설에 따르면, 18세기 프랑스에는 "부채의 언어langage de l'éventail" 역시 존재했다고 한다. "가짜 점의 언어"가 대략 10가지 내외이고 그것을 사용하는 여인의 기분이나 성향, 상태를 표현하는 데 국한되었다면 그에 반해 "부채의 언어"는 거의 30가지에 이르고 매우 구체적인 메시지를 전달하는 기능을 가졌다. 예를 들어, '부채의 비밀스러운 언어: 유혹의 미묘한 암호 29가지'라는 인터넷 사이트[10]의 필자는 제목 그대로 29가지 부채의 언어를 나열한다. 그 암호는 단순한 "예"(상대방을 바라보며 펼쳐진 부채를 천천히 닫는다), "아니오"(상대방을 바라보며 펼쳐진 부채를 빨리 닫는다)에서 "호감"(닫힌 부채를 눈 아래까지 수직으로 치켜든다) 또는 "증오"(부채를 땅바닥이나 상대에게 세게 던진다)의 표현을 거쳐, "키스해주세요"(반쯤 펼친 부채를 입술에 가져다 댄다)나 "○ ○일 후에 다시 만나요"(부채를 펼친 후 원하는 날짜만큼 부챗살을 센다) 또는 "나를 잊어주세요"(펼쳐진 부채를 두 손으로 잡는다) 같은 구체적인 요구에 이르기까지 매우 다양하다. 표현의 방식에서도, 부채를 입술에 대는 것("키스해주세요")이나 부채를 왼쪽 가슴에 대는 것("당신을 사랑합니다")처럼 이해하기 쉬운 것이 있는가 하면, 펼친 부채로 얼굴 전체를 가리는 것("내가 떠나자마자 따라오세요")처럼 이해하기 힘든 행동도 있다.

　　오늘날 인터넷 사이트를 보면 가짜 점의 위치와 그 의미에 대해서는 해석이 대체로 일치하는 데 반해, "부채의 언어"는 그렇지 못하다. 어떤 이[11]는 "나는 독신이 아니다"를 표현하기 위해 왼손에 부채를 접은 채로 든다고 주장하는 반면, 다른 이[12]는 "나는 약혼자가 있다"는 의미를 빠르게 부채질하는 것으로 표현한다고 주장한다. 그런데 첫번째

작가 미상, 〈부채Fan〉, 1765, 뉴욕 메트로폴리탄미술관 소장.

필자는 펼친 부채를 얼굴 앞에서 빠르게 흔드는 것이 "열정적인 사랑"의 표현이라고 해석한다. 사랑에서 의사소통의 중요성을 감안할 때, 이러한 오해의 가능성은 매우 위험한 결과를 초래할 수 있다고 하겠다. 어쨌든 그 기호 체계에 익숙한 사람들에게는 가짜 점과 부채가 연인들 또는 예비 연인들 간에, 그것도 많은 사람이 함께하는 개방된 공간에서, 무궁무진한 메시지를 전달할 수 있는 뛰어난 커뮤니케이션 도구를 제공해왔다.

진 실
—

과연 이 가짜 점과 부채를 사용하는 암호화된 기호 체계가 실제로 존재했을까?

가짜 점이 17세기에서 18세기까지 프랑스에서 흔히 사용되고 때로는 남용되기까지 했다는 사실은 여러 문헌과, 지금도 남아 있는 많은 초상화와 보관함이 분명하게 증명한다. 그러나 그 가짜 점의 위치와 의미에 관해서는 문헌학적 증거가 불충분하다. 이 주제에 관해 필자들이 인용한 문헌 가운데 우리가 확인할 수 있었던 것은 단 두 권의 책이며, 모두 19세기에 집필·출판됐다. 첫번째 문헌은 익명의 저자들이 1819년에 출간한 『노르망디 사람의 편지』다. 해석은 거의 비슷하다. 다만 "암살자"는 눈가의 점이 아니라 동그랗게 자른 점을 의미한다.[13] 두번째 문헌은 1875년에 오귀스탱 샬라멜이라는 저자가 출간한 『프랑스 유행의 역사. 갈리아−로마 시대에서 오늘날까지 여성의 화장』이다. 저자는 루이 15세 치하, 즉 1715년에서 1774년을 다루는 장에서 가짜 점의 유행을 보고한다. 이 책에는 "열정" "연애" "은폐" "뻔뻔스러움" "애교"라는 다섯 가지 해석만 제시된다. 그리고 "암살자"는 마찬가지로 동그란 점을 지칭한다.[14]

샬라멜은 흥미로운 일화를 소개한다. 17세기 말에서 18세기 초에 설교자로 유명했던 마시용Jean-Baptiste Massillon 신부(1663~1742)는 한 설교에서 여인들의 가짜 점 사용을 꾸짖었다고 한다. 그런데 그 설교는 기대했던 바와 반대되는 효과를 낳아서 여인들이 더 많은 가짜 점을 붙이게 되었다는 것이다.[15] 더 과장된 전설에 따르자면, 당시의 유행에 분노한 신부가 "남자의 환심을 사기 위해서는 모든 게 다 좋다고 생각하는 절제를 모르는 여인들이여, 당신들은 얼굴을 치장하기 위해 가짜 점까지 붙인다. 남자들의 시선을 끌기 위해서라면 왜 어깨나 가슴에는 붙이지 않는가?"라고 비난하였는데, 거기서 아이디어를 얻은 부인들이 바로 다음 날 가능한 모든 곳에 점을 붙이고 나타나 이를 "마시용의 점"이라고 불렀다는 것이다.[16] 실제로 마시용 신부는 1701년 또는 1704년 사순절 일요일에 루이 14세와 여러 귀족들 앞에서 "귀족들의 악덕과 미덕에 관한 설교"를 행하면서 민중에게까지 악영향을 미치는 귀족들의 "무절제한 유행, 헛된 장신구, 수줍음만이 표현되어야 할 얼굴을 더럽히는 인공적인 치장, 광적인 도박, 풍속의 해이, 문란한 대화, 자유로운 연애와 우리 시대의 모든 타락"을 비난했다.[17]

마시용과 같은 독실한 신자들만 가짜 점이 풍속의 타락, 또는 개인적 도덕의 해이의 표현이라고 본 것은 아니다. 디드로는 당대 자유로운 성 풍속의 과감한 묘사와 계몽주의 철학의 원칙들을 능숙하게 결합한 소설 『수다쟁이 보석들』을 1748년에 익명으로 발표하는데, 이 작품에는 가짜 점에 관한 묘사가 몇 차례 등장한다. 가장 대표적인 일화는

18장과 19장에 등장하는 "두 경건한 여인" 젤리드와 소피의 이야기다. 겉으로는 독실한 신앙을 과시하지만 실제로는 상당히 자유로운 삶을 누리던 이 두 친구는 자신들의 실체가 드러나자 서로 다른 선택을 한다. "젤리드는 남편을 떠나 수도원에 틀어박혔고, 소피는 가면을 벗어던지고 소문을 무시한 채, 연지와 가짜 점을 찍고 사교계에 들어가서 여러 연인을 만났다."[18] 또다른 곳에서는, 매우 방탕한 여인 파니가 어리숙한 연인에게 자신의 순결함을 강조하기 위해 자신은 "연지도 가짜 점도 쓰지 않는다"[19]고 말한다. 소설이 역사적 사실을 얼마나 정확히 반영하는지에 대해서는 여러 논의가 필요하겠지만, 디드로의 소설을 보면 가짜 점의 사용은 적어도 18세기 중엽에는 사용자의 도덕적 염결성을 표현, 또는 판단하는 척도의 역할을 했다고 볼 수 있다.

　　'가짜 점'의 사용 자체가 부정적인 도덕적 판단을 초래할 수 있는 상황에서, 각각의 점이 뚜렷하고 고정된 의미를 가진 채 사용되었다고 보기는 힘들다. 무엇보다도 가짜 점과 '부채'는 본질적으로 궁정, 귀부인의 살롱, 공원이나 산책로 등 다수에게 노출된 공간에서 귀족이나 상층 계급의 여인들에 의해 사용된다. 그러한 공간에서 무엇보다도 자신과 남편, 또는 가족의 명예를 지켜야 할 '귀부인' 또는 양가의 규수가 '나는 키스하는 여인입니다'라는 의미의 표식을 만천하에 드러내고 다닌다는 것은, 순결이라는 가치를 매우 중시한 기독교 사회였던 18세기 프랑스에서는 상상하기 힘든 일이다. 우리가 위에서 인용한 논문 「17, 18세기의 유럽의 부채 서문」의 저자인 피에르-앙리 비제에 따르면 부채를 사용할 때는 엄격한 에티켓을 따라야 했고 그런 점에서 부채의 사용은 일종의 사회적 역할을 수행했다. 그런데 그 사회적 역할은 인터넷에서 유행하는 "부채의 언어"와는 다르다. 예를 들어, "베르사유 궁정에서 여왕 앞에서 부채를 펼치는 것은, 그 위에 물건을 올려서 폐하에게 바칠 때를 제외하고는 허용되지 않았다"[20]고 한다. 부채를 펼치는 행위조차도 때로는 불가능한 상황에서 부채로 '나는 당신과 키스하고 싶다'라는 메시지를 보낸다는 것 역시 상상하기 힘든 일이다. 다른 한편, 은어 또는 은밀한 메시지는 다른 집단에 그 말뜻이나 의미를 숨기려는 데 목적이 있고, 그러한 한도 내에서만 효과적인데, 가짜 점이나 부채의 의미가 17세기에서 18세기에 걸쳐 100년 이상 고정되어 있다는 것도 상식에 어긋난다.

따라서 비제는 "암호화된 부채의 언어"가 존재했다는 것은 "터무니없는 주장"이며 "17, 18세기의 어떤 문헌에서도 확인되지 않는다"[21]고 단언한다. 우리의 지식이 매우 제한적이지만, "가짜 점의 언어" 역시 프랑스 18세기의 문헌에서 확인하기는 힘들다고 말할 수 있다. 물론 어떤 여인들은 자신의 아름다움을 강조하고 싶은 욕망에서 암묵적인 도덕적 비난을 감수하기도 했을 것이다. 또한 부채는 그것을 펼치고 흔드는 강도만으로도 여인의 기분을 표현하기에 충분했을 것이다. 어쩌면 짧은 기간에 걸쳐 여인들은 가짜 점과 부채를 이용해 자신의 은밀한 메시지를 여러 방법으로 표현했을 수도 있다. 보다 사적인 공간에서는 그 이용이 더욱 담대할 수도 있었을 것이다. 그러나 고정적이고 장기간에 걸쳐 관습적으로 사용된 기호 체계의 존재에는 의문을 품는 것이 합리적으로 보인다.

시대에 따라 가짜 점의 유행은 사라지고 20세기에 들어서는 피어싱과 타투가 그 기능을 대신하는 것처럼 보였다. 그러나 오늘날 몇몇 '뷰티 유튜버'들은 다시 창의적인 방식으로 가짜 점을 이용한 화장법을 소개한다. 냉방 시설의 보급으로 부채의 사용은 줄어들었지만, 여전히 여성들은, 그리고 남성들도 여러 액세서리를 통해 자신의 성향과 기분을 표현한다. 무엇보다도 인간의 창의성이 유지되는 한, 사람들은 여러 비언어적 도구를 사용하여 자신들만의 아름답고 독창적인 사랑의 커뮤니케이션을 개발해나갈 것이다.

주

1) 'naevus'라는 라틴어에서 유래한 단어가 있기는 하지만 일상생활에서는 잘 안 쓰인다.
2) S. George et R. Pumon, *Modes du XVIIe siècle sous Louis XIV*, Edition Falbalas, 2012, p. 69.
3) *Dictionnaire de l'Académie française*, 1re édition (1694). https://www.dictionnaire-academie.fr/article/A1M0298에서 확인 가능.
4) Montesquieu, *Lettres persanes*, "99번째 편지", Larousse, 2004, p. 258.
5) J.-A. Dulaure, *Histoire physique, civile et morale de Paris, depuis les premiers temps historiques jusqu'à nos jours*, 2e édition, Paris, Guillaume, 1824, t. VIII, pp. 321-322.
6) S. George et R. Pumon, 위의 책. L. Darribère et S. Jelil, *Modes du XVIIIe siècle sous Louis XV et Madame de Pompadour*, Edition Falbalas, 2014, p. 26.
7) C. Jacquin-Portaz et M. Petiot, "Le Langage des mouches: entre mythe et séduction", in *Annales de dermatologie et de vénéréologie*, n° 147, 2020, p. 697.
8) L. Vázquez et J. M. Ibeas, "L'eventail au XVIIIe siecle: un masque feminin avec tout un eventail de fonctions" in *Cahiers ERTA*, n° 16, 2018, pp. 10-12.
9) P.-H. Biger, "Introduction à l'éventail européen aux XVIIe et XVIIIe siècles", *Seventeenth-Century French Studies*, Vol. 36, N° 1, 2014, pp. 84-88 참조.
10) https://apprendre-les-bonnes-manieres.com/langage-secret-eventail
11) https://carnet-dhistoire.fr/vie-de-chateau/histoire-de-leventail-et-son-langage-a-travers-le-monde
12) https://cris23.fr/langageeventail.htm
13) *Lettres normandes ou Correspondance politique et littéraire*, Paris, Chez Foulon et Comp., 1819, t. v, p. 337.
14) Augustin Challamel, *Histoire de la mode en France. La toilette des femmes depuis l'époque gallo-romaine jusqu'à nos jours*, Paris, Bibliothèque du magasin des demoiselles, 1875, p. 130.
15) Challamel, 위의 책, p. 131.
16) *Revue des cours littéraires de la France et de l'Étranger*, Paris, Germer Baillière, 1864-1865, t. II, p. 462.
17) Massillon, "Sermon sur les vices et les vertus des Grands", *Œuvres complètes de Massillon*, Paris, Bar-Le-Duc, 1865, p. 90.
18) Diderot, *Les Bijoux indiscrets*, in *Œuvres complètes*, Hermann, t. III, 1978, p. 87.
19) 위의 책, p. 194.
20) P.-H. Biger, art, cité, p. 91. 비제는 2015년 렌느대학에서 *Sens et sujets de l'éventail européen de Louis XIV à Louis-Philippe*(루이 14세에서 루이 필립까지 유럽 부채의 의미와 주제)라는 박사 논문을 발표하여 박사 학위를 받았다.
21) 위 논문, p. 90.

이영목_서울대학교 불어불문학과 교수
서울대학교에서 프랑스 문학을 공부하고, 프랑스 파리7대학에서 디드로의 『백과전서』에 관한 연구로 박사학위를 받았다. 현재 서울대학교 불어불문학과 교수로 재직하고 있다. 디드로, 라메트리, 몽테스키외 등 18세기 프랑스 문학과 사상에 대한 연구를 계속하면서 다른 한편으로는 프랑스어권 아프리카 문학에 관한 연구를 병행하고 있다. 이는 계몽주의의 중심 주제인 문화의 보편성과 다양성에 대한 성찰을 오늘날에 계승, 발전시키려는 노력이다.

1759년 10월 15일

디드로가

소피 볼랑에게

철학자의 사랑을 관찰하고 비평했다는 것은 18세기 프랑스 계몽주의의 특이성이며, 드니 디드로는 그 대표적인 사례다. 하지만 그가 『달랑베르의 꿈』에서 오랜 친구의 관념적인 사랑을 풍자하며 자신의 유물론을 종합한 것만으로는 이 사례를 충분히 고찰할 수 없다. 디드로는 1755년 소피 볼랑을 만나 1784년 사망할 때까지 은밀한 사랑과 우정을 나누었고, 이 역사는 편지 187통에 세밀하게 남아 있다. 이중에서도 1759년 10월 15일 디드로가 소피에게 보낸 편지는 특히 흥미롭다. 이 편지는 당시 사교계 대화의 분위기를 경험하게 해주는 것은 물론이고, 사유하는 인간의 사랑을 훔쳐보는 즐거움과 함께 18세기 중반 진화하고 있던 철학과 과학의 단면을 소개한다. 연인의 답장을 애타게 요구하는 연애편지는 또한 화학적 유물론의 영감을 통해 사랑, 철학, 과학의 관념을 교정하는 시도이기도 했다.

철 학 자 의 사 랑

—

우리는 철학자의 죽음에 대해 생각하는 것만큼 그의 사랑에 대해 생각하지 않는다. 죽는 것은 철학하는 것의 핵심적인 일부로 간주되지만, 누군가를 사랑하는 것은 철학자의 일탈일 뿐이다. 지혜를 사랑하는 자의 최고 덕목은 정절일까? 그러므로 소크라테스의 철학적 죽음과 함께 생각해야 하는 것은 고귀하거나 범속한 다른 죽음이 아니라, 어쩌면 영영 악처가 되어버린 크산티페일 수 있다. 플라톤을 낳은 철학의 아버지가 다정한 연인일 수는 없었다.

이런 의문과 함께 18세기 프랑스를 관찰하면 계몽주의라고 불리는 시대의 특이성이 보인다. 볼테르는 샤틀레 부인 곁에 앉아 뉴턴의 "자연철학"을 속삭였으며, 달랑베르가 『백과사전』의 기획을 모의한 곳은 그가 평생 정신적으로 연모할 레스피나스의 살롱이었고, 루소가 『신엘로이즈』를 쓰기 위해서는 두드토 부인에 대한 실패한 사랑이 승화되어야만 했다. 그들이 더 매력적이거나 사랑에 능숙했다는 뜻은 아니다. 아마도 당시 철학자들의 사교와 협업의 공간이었던 살롱의 역할을 상기해야 할 것이다. 분명한 것은 그들이 사랑하는 일과 철학하는 일을 분리하지 않았고, 사랑과 철학의 연관을 숨기기는커녕 기꺼이 드러냈으며, 동시대인들은 그들의 사랑을 열심히 비평하고 토론했다는 사실이다.

드니 디드로는 우선 그 자신이 이런 토론에 적극적으로 참여했을 뿐 아니라 이를 철학의 방법으로 삼은 사례로 기억된다. 그는 1769년 쓴『달랑베르의 꿈』에서 애증의 대상이 된 오랜 친구 달랑베르의 짝사랑을 풍자하면서 자신의 유물론적 사유를 종합한다. 소위 플라톤적 사랑을 조롱하기보다 유물론을 말할 더 나은 기회가 있겠는가? 그런데 디드로가 반격을 당하지 않은 것은 달랑베르의 성격이 복수심을 감당할 수 없었기 때문이지, 디드로에게 검토할 만한 러브스토리가 없었기 때문은 아니다. 이때 달랑베르가 유물론자의 관념론적 사랑을 대표한다면, 디드로는 유물론자의 유물론적 사랑을 예증할 것이다.

디 드 로 의   경 우

—

1755년, 계몽주의의 최대 기획『백과사전』의 편집자이자 "실험철학"의 임무와 과제를 역설한『자연의 해석에 대한 단상들』의 저자였던 디드로는 그를 수도원에 가둘 정도로 결혼에 반대한 아버지에 맞서 기어코 결합을 이루어낸 12년차 유부남이었고 아이도 있었다. 하지만 열정적인 사랑은 무슨 이유에선지 어렵게 한 결혼 직후 식어버린다. 마흔 살이 넘은 디드로는 세 살 연하의 부유한 부르주아 집안의 딸 루이즈-앙리에트 볼랑과 만나기 시작했고 편지를 주고받았다. 감정은 곧 사랑의 열기로 채워지고, 철학자는 그녀에게 '지혜'를 뜻하는 '소피'라는 애칭을 붙여주었다. 그렇게 그들은 1755년부터 1784년 몇 달을 사이에 두고 세상을 떠날 때까지 사랑과 권태와 우정이 뒤섞인 관계를 이어간다.

파란만장한 역사는 그들이 쓴 편지 553통으로 더 선명하게 조명될 수 있었다. 하지만 일주일에 두 통씩 발신되는 메시지들의 혼선을 막기 위해 정성껏 일련번호를 붙인 편지들 중 현재 남은 것은 1759년과

1774년 사이의 187통뿐이다. 아쉬움을 넘어 기묘함을 느끼게 하는 사실은, 이 187통이 모두 디드로의 편지라는 것이다. 30년 가까이 저명한 철학자의 은밀한 연인이자 친구였던 소피 볼랑은, 이렇게 편지 한 통 없이, 어쩌면 바로 그 때문에, 18세기의 대표적인 서간작가가 되었다.

1830년 처음 묶여 출판된 이후 『소피 볼랑에게 보내는 편지』는 디드로의 사상과 문학과 삶의 내밀한 전개가 기록된 중요한 문헌으로 인정된다. 의인화된 지혜에게 사랑과 우정을 고백하는 편지들은 또한 그날그날의 철학적 고찰과, 현장의 열기를 머금은 비평과, 사교계와 정치에 대한 주관적 보고를 담고 있다. 하지만 방대한 텍스트에 대한 정밀하고 난해한 조사는 연구자들에게 맡겨두고, 우리는 철학과 사랑의 계몽주의식 화합물인 철학자의 연애편지 한 통을 훔쳐보는 다소 음흉한 즐거움에 집중하기로 하자.

부 재 하 는   소 피
—

1759년, 아마도 10월 15일, 디드로는 파리에서 동남쪽으로 15킬로미터 떨어진 작은 마을 쉬시에서, 파리와 접한 마을 샤랑통에 있을 소피에게 긴 편지를 쓴다. 형식적으로 볼 때 이 편지는 마치 그가 작정하고 쓴 철학콩트처럼 보인다. 디드로가 속한 사교계의 환경이 생생하게 묘사되는 와중에, 프랑스 왕정의 재정 문제나 7년 전쟁 중 영국과의 군사적 긴장관계부터 포르투갈 권력의 예수회 탄압 소식까지 유럽 사회의 일화들이 연결되고, 18세기 신비주의의 전설적 인물 생제르맹 백작의 소문부터 생명의 정의와 발생에 대한 유물론적 추론까지 다양한 철학적 한담이 개입한다. 이 편지만으로 독자는 이념과 방법과 장르의 자유로운 유희를 실험하는 디드로의 문학이 어떻게 발생하고 연습되었는지 상상할 수 있다.

　하지만 첫 문장부터 편지의 유일한 문제는 사랑과 사랑의 불안이다. "이것으로 샤랑통에 세번째 편지를 씁니다. 그런데 친구에게서는 소식이 없군요. 소피, 어째서 당신은 편지를 쓰지 않는 것인가요?" 편지에 대한 기다림, 감정을 확인하지 못하는 고통은 결말에서 인내심의 한계와 깊은 절망에 이른다. "나는 이곳에 일하러 왔습니다. 지금까지는 그럭저럭 해왔습니다. 하지만 이제 머리가 여기 없는데 당신은 내가 이 시간으로 무엇을 하길 바라는 것인가요? 나는 어떻게 될까요?" 시간의 활용은 편지의 구조이기도 하다. 그런데 오늘 "4시" "7시" "9시"에 나누어 쓰이고, 그 단속적 계기 사이에서 "그제 2시 반" "6시", 밤, 그리고 "어제" "이른 아침"부터 "저녁"까지의 시간이 비선형적으로 흐르는 편지의 형식적 과감함은 문학적 재치이기 전에 초조한 사랑의 자연스러운 표현이다.

　이 시기 두 연인의 관계를 알아챈 양쪽 집안의 견제가 증대해갔다는 사실은 부수적인 정보다. 그보다 중요한 것은 디드로의 편지가 현란한 장치와 기교에도 불구하고 부재와 거리에 대한 고민을 심화시킴으로써 장르의 순수한 모델이 된다는 점이다. 왜냐하면 고전주의적인 관념에 따라 편지의 본질은 결국 부재의 확인이고, 편지 속 글자들은 결국 기다림의 공허와 불안을 메꾸기 위해 심리적이고 환상적인 만남의 시공간을 만들어내는 헛된 노력이기 때문이다. "나는 기다리면서, 전혀 그렇지 않지만 마치 편안하다는 듯이, 나의 친구와 이야기하려고 합니다."

부 재 와   사 유

—

사랑하는 대상의 부재와 침묵을 납득하기 위해 연인은 온갖 이유를 검토하는 철학자가 된다. "내가 알지 못하는 더 이상한 일이 있는 것일까요? 나는 생각할 수밖에 없습니다." 실험철학의 중요성을 강조하는 철학자에게 사유란 가설의 설정과 검증이다. "나는 나를 평온하게 해줄 모든 것을 가정해봅니다." 디드로는 소피가 답장을 쓰지 않았을 경우를 제외한 모든 가능성을 따진다. 심부름꾼의 일탈, 우편체계의 오류, 나쁜 날씨가 일으킨 장애…… "나는 당신을 제외한 모든 것을 비난합니다." 비판의 대상에서 하나의 예외를 두는 것은 사유의 불성실함으로 보일 수 있다. 하지만 그 예외가 바로 사유의 모든 동기이자 전제일 때, 차라리 우리는 사유의 완전한 자율성이란 허구라는 사실을 인정해야 한다.

유물론이 무엇보다 사유의 자율성에 대한 부정이라면, 유물론적 추론들을 그 실제 동기와 조건 속에서 역설의 형식으로 전개하는 편지의 구조는 다분히 논리적이다. 추론이 펼쳐진 것은 어제 저녁의 대화이고, 디드로는 여전히 소피의 편지를 기다리고 있다. 장소는 쉬시에 있는 그랑발성으로, 성의 주인 돌바크 남작은 디드로의 유물론 동지였다. 다른 참여자는 정체가 불분명한 그들의 친구 오프, 그리고 돌바크의 배우자 덴느 부인이다.

우선 음울한 분위기와 죽음의 예감이 대화를 앞뒤에서 포위한다. 어제 대화가 시작될 즈음에도, 편지를 쓰고 있는 지금도, 밖에서는 "바람"과 "추위"와 "비"가 외딴 전원의 어둠을 더 깊은 것으로 만든다. 어제 "쾌락과 고통, 삶의 선과 악"을 논하던 친구들은 곧 "우울증자 스코틀랜드인" 오프의 죽음 충동을 달랠 농담을 고안해야 했고, 오늘 성을 방문한 두드토 부인은 프랑스의 스코틀랜드 침공 계획을 듣고 군인인 연인 생랑베르가 전장에서 돌아오지 못할까봐 공포에 떤다. 친구들이 오프를 위해 마련한 위안은 물로 뛰어내리기 좋은 방을 빌려주겠다든지 혹은 결투를 신청해주겠다든지 하는 심술 가득한 장난이었고, 곧이어 화제가 된 것은 회춘의 비법을 터득했다고 하는 미지의 인물 생제르맹이 자궁 속으로 회귀할 가능성이었다.

유 물 론 적   사 랑
—

이제 디드로는 각각 오프, 덴느 부인, 소피를 수신자로 갖는, 삶 혹은 생명에 대한 세 가지 유물론적 몽상을 보고한다.

죽고 싶은 오프에게 디드로는 죽음이 불가능하다는 것을 설득한다. 물질은 어떻게 죽은 상태에서 산 상태로 전환되는가? 즉 생명은 어떻게 발생하는가? 답은 모르지만 확실한 것은 생명은 "죽은 입자"들의 공간적 배치를 바꾸는 것만으로 나타날 수 없다는 사실이다. 디드로는 기하학적이고 기계론적인 철학만으로 생명을 사유할 수 없음을 암시한다. 생명은 죽은 입자들의 공간적 배치와 연결이 아니라 살아 있는 입자 자체의 내재적 특성이고, 이 특성은 소멸하지 않는다. "덩어리"로서의 삶은 끝날 수 있어도, 그것을 구성하고 있던 "분자"들은 어디선가 살아갈 것이다. 따라서 오프는 영원히 죽을 수 없는 영생의 운명을 받아들여야 한다.

오프에게 죽을 수 있는 수단을 제공하겠다고 장난치는 덴느 부인에게 디드로는 환생의 가능성을 설득한다. 생명은 어떻게 성장하는가? 소화를 통해 죽은 물질을 산 물질로 변환시킴으로써 성장한다. 생명은 죽음을 삶으로 바꿈으로써 생명을 확장하는 힘이다. 따라서 오프가 죽는다 해도 그는 덴느 부인의 품에서 되살아날 것이다. 그의 환생을 위해 덴느 부인이 할일은 아마도 오프의 시체를 맛있게 요리하는 것뿐이다.

디드로 유물론의 진화를 추적하는 독자라면 그가 1754년 『자연의 해석에 대한 단상들』 결말에서 이런 문제들을 당대 실험철학의 과제로 제시했다는 것, 편지에 등장하는 사고실험들이 『달랑베르의 꿈』을 예고하고 있다는 것, 따라서 1754년부터 3년간 화학자 루엘의 강의를 열정적으로 수강한 디드로가 이 편지를 쓰는 1759년 말에 이르면 화학과 생리학에 영감 받은 유물론을 어느 정도 진전시켰다는 것 등을 관찰하게 될 것이다.

영생의 저주와 식인을 통한 부활로 예시된 생명의 "역설"은 나머지 저녁 시간 친구들의 농담거리가 된다. 하지만 소피와 답장의 부재에 괴로워하던 디드로는 자신의 짓궂음을 유지하지 못하고 마음을 토로한다. 이때에도 삶과 죽음에 대한 인류학적 고찰은 화학적 유물론의 분석대상이다. 이 분석에 따르면 죽어서 곁에 묻히려는 연인의 욕망은 충분히 과학적이다. 그들을 구성하던 입자들은 소멸하지 않고 자연에 퍼질 것이고, 성분 사이의 "친화력의 법칙"을 통해 결합하여 "공통의 존재"를 구성할 것이기 때문이다. 이 순간 추론의 수신자는 친구들에게서 소피로 전환된다. "오, 나의 소피! (⋯) 내게 이 공상을 허락해주세요. 그것은 감미롭고, 당신 안에서 당신과 함께하는 영원을 내게 보장해줄 것입니다."

자신과 소피를 무덤 속에서 화학적 결합을 꿈꾸는 연인으로 규정함으로써, 디드로는 15킬로미터의 거리와 단 며칠 동안의 답장 지연에 죽음이라는 절대적 이별의 이미지를 부여하는 동시에, 진화하는 유물론적 사유를 그 해결책으로 제시한다. 추론의 엄격함은 꿈의 자유로움과 구별되지 않고, 과학의 토대는 사랑의 욕망과 통일되어 있다. 잘 죽는 기술로서의 철학은 죽음을 부정하는 의지로서의 철학 혹은 죽어서 계속 사랑하는 방법으로서의 철학으로 대체된다. 한편 근대과학은 근대적 욕망 위에 정초됨으로써 정당화되며, 이 때문에 생제르맹은 우연히 언급되는 것이 아니다. 연금술의 달인이 혼자서 회춘하고 영생하는 비기를 구했다면, 연금술과 무엇이 다르냐는 비난을 듣곤 했던 18세기 화학자에게 화학의 토대는 개별자이자 죽어서는 영영 만나지 못할 두 연인의 희망 없는 약속이다. 또한 디드로의 화학적 "공상"은 물리적 거리의 보완이라는 편지에 대한 공간적인 관념을 "친화력"에 기초한 화학적 관념으로 전환하는 것처럼 보인다.

　　공 상　혹 은　화 학
　　———

　　긴 편지를 다 쓰도록 소피의 답장은 오지 않고, 디드로는 이제 아무 일도 할 수 없는 상태가 된다. 돌바크 남작이 그에게 "화학의 몇몇 어원들"을 물어보려 하지만 그는 대답할 만한 상태가 아니다. 그는 "다른 곳에 있기" 때문이다. 편지의 마지막 문장이다. "나는 여기에서 나갈 수 없을 것 같습니다. 당신이 나를 잊는다면 내가 여기에서 사는 것도 불가능합니다." "여기"? 디드로는 어디에 있는 것인가? "당신 안에서 당신과 함께." 그의 분해된 입자들은 절대적 친화력에 의해 이미 소피와 하나가 되었다. 철학자와 지혜를 결합하는 사랑의 형식은 화학적이다. 돌바크는 "화학"의 어원과 함께 "공상"의 어원을 떠올려야 했다. "화학 chimie"과 "공상chimère"은 본래 둘 다 '결합' 혹은 '혼합'을 뜻하고, 따라서 디드로의 공개적인 요청은 이미 화학의 어원학이자 새로운 철학의 시도였기 때문이다.

오, 나의 소피! 내게 이 공상을, 그러므로 화학을 허락해주세요. 그것은 감미롭고, 당신 안에서 당신과 함께 하는 영원을 내게 보장해줄 것입니다……

참고문헌

Denis Diderot, *Lettres à Sophie Volland*, éd. Jean Varloot, Paris, Gallimard, 1984.
Denis Diderot, *Œuvres complètes*, t. XVIII, éd. J. Assézat et Maurice Tourneux, Paris, Garnier
Frères, 1876.
Yvon Belaval, *Études sur Diderot*, Paris, PUF, 2003.
드니 디드로, 『자연의 해석에 대한 단상들』, 이충훈 옮김, 도서출판 b, 2020.

김영욱_서울대학교 불어불문학과 부교수
파리7대학에서 프랑스 계몽주의와 장자크 루소 연구로 박사학위를 받았다. 루소의 인간학을 중심으로 근대사회
의 문학, 정치, 교육 등의 문제를 살펴보는 일을 진행하고 있다. 옮긴 책으로 루소의 「사회계약론」, 「멜랑콜리 치
료의 역사」가 있다.

볼테르의

경우

다소간의 과장을 보태 말한다면, 오늘날 사회에서 문인은 거의 유령과 같은 존재이다. 빛바랜 고색창연함이 문인이라는 이름을 둘러싸고 있다. 오늘날 공적 담론에서 그들이 담당하는 역할은 대단히 제한적이다. 문인들은 사회의 이러저러한 담론에서 자신들의 영향력이 지속되기를 희망할지도 모르나, 이미 복잡해진 사회가 마주한 수많은 당면과제들은 그들의 해결 능력을 넘어서며, 사람들 역시 그들이 결정적이고 현명한 판단을 내릴 것으로 기대하지 않는다. 문인들의 공적 개입에 대한 낮은 기대만큼이나 그들 삶의 사적인 영역에 대한 관심도 확연히 줄어들었다. 오늘날 문인의 개인적인 삶은 그것이 대중의 즉각적인 관심을 불러일으킬 만한 추문이 아닌 경우에야, 큰 주목의 대상이 되지 못한다. 대중은 정치인, 연예인, 운동선수와 같은 이들에게서 그들의 대체재를 발견한다.

　　그런데 적어도 18세기에는 사정이 오늘날과 같지 않았다. 문인을 뜻하는 프랑스어는 'gens de lettres'인데, 이 단어로 지칭되는 일군의 인사들은 오늘날 우리가 문학이라고 이해하는 것들(예컨대 시, 소설 등)에 자신들의 활동을 한정 짓지 않았다는 점을 밝혀두어야겠다. 그들은 다양한 영역의 지적 활동에 복무했다. 예컨대 루소는 아마추어 식물학자이면서 음악학에 관한 몇 편의 글을 남겼다. 디드로는 (비록 대부분 익명이거나 수고본의 형태로 돌아다녔지만) 재기발랄한 소설의 저자이면서 동시에 생리학과 화학의 문제들을 탐구했다.

　　문학사회학의 관점에서 보았을 때, 프랑스의 18세기는 문인이라는 새로운 계급이 일종의 "서품식"을 치룬 시기였다. 그들은 기존의 사제 계급을 대신해 사회에서 일정한 지적 권위를 누리기 시작했다. 동시에 사람들은 그들에게서 유명인사의 모습, 오늘날 용어로 말하자면 셀러브리티나 인플루언서의 모습을 발견했다. 이 시기의 문인, 철학자, 학자 들은 빛이 들지 않는 서재에 틀어박혀 있지 않았다. 성 히에로니무스가 모범을 보인 은자적 태도는 그들에게 대단히 낯선 것이었다. 또한 몇몇 문인들은 이론적 저술을 통해 사회 상태의 인간을 정당화하는 한편, 자신들의 개인적 삶을 공연히 드러냄으로써 사회라는 무대에 배우로 등장했다. 그들 삶의 많은 측면이 잡지, 신문, 심지어 중상비방문과 같은 다양한 매체를 통해 독서 대중의 관심을 사로잡았다.

　　사랑도 예외가 아니었다. 이 시기 문인들의 사랑과 단란한 연정을 재현한 그림은 얼마나 많은지! 대혁명기 전후 프랑스의 정치적 감수성을 재현한 것으로 잘 알려진 신고전주의 화가 자크 루이 다비드는 1788년 화학자 앙투안 라부아지에와 그의 아내 마리 안느 피에레트 폴

즈를 주인공으로 한 폭의 초상화를 그렸다.

　　여기에서 주인공들은 다비드의 다른 회화에서처럼 연극 무대에 올라 익명의 관객이 내던지는 시선을 받아들이는 배우처럼 묘사된다. 아내는 남편의 어깨에 상반신을 기대어 서 있고, 남편은 그러한 아내를 바라보면서도 한 손으로는 펜을 잡고 무언가를 쓰고 있다. 벽기둥의 연장처럼 묘사된 우아한 치마폭은 아름다우면서도 흥미롭다. 배경으로 시선을 돌려보자. 바로미터, 가스계, 구형 플라스크 등의 기물이 공간적 배경을 분명하게 지시하지만, 그럼에도 불구하고 두 인물을 둘러싼 공간은 전형적인 실험실 풍경과는 거리가 있다. 테이블을 덮고 있는 진홍색 식탁보, 인물들 뒤로 놓인 캔버스, 세로로 홈이 파인 고전고대풍의 벽기둥은 실험실의 경직성보다는 이 시기 사회성을 상징하는 살롱의 자연스러운 분위기를 표현한다. 이러한 배경 속에서 라부아지에 부부의 모습은 문인과 그들의 감수성이라는 주제를 이상적으로 재현한다.

　　문 인 의　자 기 애
　　—

　　이 시기 문인들이 누린 예외적 권위, 그리고 그들이 기꺼워한 유명세를 생각할 때, 볼테르(1694~1778)의 사례는 하나의 전형을 제공한다. 루소의 『고백』과 같은 자전적 텍스트를 쓰지 않았다는 점에서 그는 어찌 보면 자신을 드러내는 데 대단히 신중한 작가였음이 분명하다. 가족사에 대한 언급이 거의 없어서 연구자들은 그의 작품으로부터 전형적인 가족 로망스의 단서들을 찾지 못한다. 그러나 이 같은 신중함과 달리 그는 자신의 가공된 이미지를 내어놓는 데 거리낌이 없었고 또 능수

자크 루이 다비드, 〈앙투안 로랑 라부아지에와 부인의 초상화Portrait d'Antoine Lavoisier et de sa femme〉, 260×195cm, 1788, 메트로폴리탄미술관 소장.

능란했다. 예컨대 자신이 쓴 몇몇 서신을 당대 문예잡지에 공개하거나 다른 이들이 공개하는 것을 굳이 만류하지 않았다. 편지가 그 성격상 대단히 사적인 글쓰기의 산물이라는 사실을 고려하면 놀라운 일이다.

이 시기 대중, 특히 독서 대중은 그를 광적으로 소비했다. 볼테르의 이름은 출판과 독서의 세계에서 편재했다. 그를 그린 그림, 심지어는 그의 흉상마저도 상품으로 소비되었다. 볼테르에 대한 열광만큼이나 그에 대한 불만도 존재했다. 데퐁텐과 같은 볼테르의 반대자들은 병리학 용어를 통해 "볼테르증Voltairomanie"이라는 말로 그의 지나친 자기애를 꼬집었다. 반대자들의 야유에도 불구하고 볼테르는 스스로가 만든 여러 이미지로 자신이라는 상품을 포장할 줄 알았다. 예컨대 그는 자신이 겪는 만성적 소화불량조차도 문인의 고된 지적 활동에 따르는 달갑잖은, 그러나 불가피한 운명이라고 주장함으로써, 이 일상적 질환에 특권적인 의미를 부여할 줄 알았다. "환자 볼테르"는 그가 유럽의 수많은 인사와 주고받은 2만여 통 이상의 서신을 통해 스스로를 드러낸 배역 중 하나였다.

파리 출생인 볼테르는 60대 중반부터 파리에서 남동쪽으로 500킬로미터 이상 떨어진 페르네Ferney라는 작은 마을에 거주했다. 프랑스 왕국과 제네바 공화국의 경계에 절묘하게 위치한 페르네는 그에게 두 가지 이점을 가져다주었다. 무엇보다 비판적 문필 활동에 뒤따르는 온갖 형사적 처분으로부터 볼테르를 어느 정도 해방시켜주었다. 여기에 더해 페르네는 당대 출판업과 인쇄업의 거점인 제네바와 가까웠기 때문에 볼테르는 책의 출간 과정을 보다 확실하게 통제할 수 있었다. 오랜 문학적 이력, 그리고 가톨릭교회와 전제적 정치권력에 대항한 투쟁은 볼테르를 "전 유럽의 유명인사"로 만들어주었기 때문에, 그를 만나러 온 유럽의 수많은 인사로 페르네는 북적거렸다. 신심 깊은 신자들이 산티아고데콤포스텔라를 성지순례하는 것과 유사하게, 동시대 교양인 들은 "페르네의 원로"를 방문하는 데서 세속적인 황홀경을 느꼈을 것이 다. 중요한 인물의 방문에는 큰 행사가 수반되었다. 반은 연극적이고 반 은 전례적인 예식을 통해, 그는 유럽 각지에서 자신을 찾아온 방문객들 을 환대했다. 물론 이 모든 것에 볼테르의 자기애적 욕망이 뒤섞여 있었 다는 사실을 군이 강조할 필요는 없을 것이다.

유 배 의 시 간 , 사 랑 의 시 간 , 학 문 의 시 간
—

볼테르의 삶은 대체로 망명과 유배의 연속이었다. 이 불행의 대 부분은 그의 문학적 재능, 그리고 지나칠 정도의 자기애적 호승심에 따 른 경솔함이 초래한 결과였다. 첫번째 유폐는 정치적인 것이었다. 볼테 르는 불과 만 5세에 불과했던 루이 15세를 대신해 섭정을 맡은 오를레 앙공 필리프와 그의 딸 베리 공작부인에 대한 불경한 풍자시를 읊은 죄 로 바스티유 감옥에 투옥된다. 영국은 그의 두번째 망명지였다. 물론 이 망명에는 어느 정도 자발적인 측면이 개입되어 있다. 그런데 이 반 자 발적 망명은 그가 이후에 겪을 오랜 유배의 직접적인 원인이 된다. 그 는 자신의 영국 체류 경험을 바탕으로 『철학서신』을 썼는데, 이 짧은 작 품은 당대 프랑스 왕국에 대한 정치적이고 지적인 비판으로 읽힐 여지 가 충분했던 것이다. 이로 인해 그에게는 철학자의 길과 바스티유의 문 이 함께 열렸다. 책에는 화형이, 볼테르 자신에게는 체포령이 내려졌 다. 볼테르에게 남은 선택지는 파리를 떠나는 것이었다. 그가 차후에 일으킬 물의를 우려한 플뢰리 추기경의 신중한 조처로 인해, 그는 자신이 태어나고 사랑한 파리를 마음대로 출입할 수 없었다. 그는 파리에서 동쪽으로 300킬로미터 정도 떨어진 시레Cirey 지방으로 떠나야만 했다. 그러나 유쾌하지 않은 박해라는 경험은 동시에 그를 이 시기의 유명인사로 만들어주는 역설적인 결과를 가져왔다. 계몽 사상가들의 적수들에게 볼테르는 이제 "『철학서신』의 작가"로 불리게 된다.

이즈음 볼테르는 자신이 오랫동안 알고 지내던 유서 깊은 귀족 가문의 여인과 열렬한 사랑에 빠져 있었다. 연정의 대상이자 시레성으로의 도피를 주선한 이는 가브리엘 에밀리 르 토넬리에 드 브르퇴유, 샤틀레 후작 부인이었다. 그런데 그녀의 긴 이름의 끝에 붙은 작위가 말해주듯이 그녀는 이미 샤틀레 후작과 결혼한 상태였다. 게다가 그녀는 볼테르 이외에도 당대의 이름난 자연철학자이자 30대 후반의 볼테르에게 뉴턴 물리학의 이름으로 "세례를 베풀었던" 모페르튀이와도 이 시기 연인 관계였다. 그러나 그 당시 상류 사회에서 이와 같은 혼외 관계는 일정한 조건들이 지켜지는 한 어느 정도 암묵적으로 용인되었다는 점을 지적해두어야 하겠다(개인적 삶의 여러 국면을 단속하는 종교적 권위는 사랑과 결혼의 문제에 있어서도 엄격함을 거두지 않았기 때문에, 이 시기의 많은 문인들은 이에 대한 불만을 표했다. 예컨대 몽테스키외는 종교적 권위가 이혼에 대해 지나치게 까다로운 조건을 달아둠으로써 당대 유럽 사회가 마주한 중대한 문제, 곧 출산율 저하를 야기한다고 썼다. 사상적으로 그의 제자라고 할 수 있는 디드로는 『부갱빌 여행기 부록』에서 문명인-유럽인과는 다른 자연인-타히티인의 풍속을 묘사하면서, 이른바 야만인들의 사회에서 결혼은 대단히 낯선 제도이며 인간 본성의 왜곡으로 이해된다는 점을 지적했다).

저명한 귀족 가문 출신이자 직업군인이었던(그러나 그와 같은 명예를 현실적으로 뒷받침해줄 경제적 자원은 불충분했던) 그녀의 남편 샤틀레 후작은 그 시대의 지체 높고 교양 있는 신사에게 요구되는 미덕을 능숙하게 실천할 줄 알았다. 그는 결혼이 낭만적 연인들의 자유로운 결합이기보다는 가문 간의 정치적이고 경제적인 이해관계의 산물에 가깝다는 현실을 이해했기 때문에 관대함을 최대한 발휘하여 아내의 연인을 대했다. 그가 보인 이와 같은 너그러움은 오쟁이 진 남편에게 가해질 세간의 조롱을 피하기 위한 이기적인 동기에서 비롯된 것이기도 하나, 무엇보다 아내에 대한 배려였다. 혼외 관계에서 언제나 더 큰 위기에 처하는 것은 여성이었다. 혼외 관계가 발각된 여성은 공개적인 비난의 대상이자 호사가들에게 뒷담화의 표적이 될 뿐만 아니라, 최악의 경우에는 수녀원 연금 조치를 포함한 엄격한 교회법의 처분에 내맡겨질 터였다. 물론 섭정기의 관대한 시대 분위기 속에서 종교재판소의 준엄함이 다소 누그러지긴 했다. 하지만 하필이면 1735년을 기점으로 종교재판소가 다시금 활발히 활동을 시작했기 때문에, 시례의 커플은 신중하게 처신해야만 했다. 그들의 사랑이 시작될 무렵인 1733년, 볼테르는 「중상모략에 대한 편지」를 써서 사랑하는 에밀리에게 당부의 말을 남겼다.

> 존귀한 에밀리, 내 말을 잘 들어주세요.
> 당신은 아름다우니 인류의 절반은 당신의 적이 될 것입니다.
> 당신은 숭고한 재능을 타고 났으니 사람들은 당신을 두려워할 것입니다.
> 당신의 정다운 우정은 친구를 신뢰하니 당신은 그들에게 배반당할 것입니다.
> 소박하고 꾸밈없는 당신의 덕성은 우리의 독실한 신자들에게 제물

을 바치지 않을테니,

그들의 중상모략을 조심하세요.

시레성에서 샤틀레 부인과 볼테르가 누린 삶은 사실상 혼인 관계에 가까운 것이었다. 주변 지인들에게 보낸 편지에서 볼테르는 그녀를 "나의 아내"라고 부르는 것을 주저하지 않았다. 그들은 낡은 시레성을 꾸미고 보수하는 일상의 사소한 고민거리부터 가장 고답적인 정신활동 모두를 함께했다. 시레성은 전원생활이 허락하는 자연스러움이 지배하는 공간이었다. 그들은 같이 반려견들을 돌보고, 사냥을 나가거나, 가까운 이웃과 체스나 주사위 게임을 즐겼다. 볼테르는 어디에서든 그를 중심으로 한 동심원의 관계망을 만들어내는 타고난 능력을 가졌기에 시레성은 사교생활의 중심이 됐다. 성에서의 저녁식사는 하루 일과의 정점이었는데, 특히 멀리서 커플을 만나러 오는 손님이 있을 경우에는 화려한 연회가 펼쳐졌다. 성 근처에서 잡은 사냥감과 농장에서 기른 채소가 하인들의 손을 통해 차려졌다. 미식 경험이 주는 기쁨에 볼테르가 던지는 재담들이 주는 즐거움이 더해졌다.

그러나 일상의 가볍고 덧없는 행복만이 공간을 지배하는 유일한 논리는 아니었다. 마치 수도원의 삶을 규율하는 성무일과처럼 그들은 엄격한 시간표에 따라 매일의 시간을 질서 있게 사용했다. 이 유사-부부를 매어준 끈은 학문에 대한 열의였다. 규칙 잡힌 삶의 방식은 때때로 귀족적 삶의 양식, 곧 유한계급의 삶에 익숙한 주변 인물들의 불만을 샀다. 한 남작부인은 편지에서 "이 두 유령들은 (…) 학문적 글이 아무런 이익을 가져다주지 못하는 사회에서 불량 채권" 같은 존재라고 험담했다. 그러나 그들은 별로 개의치 않고 함께 다양한 학문을 편력했다. 아침식사 후 그들은 함께 기독교 경전을 읽었다. 볼테르에게 기독교와 신에 대한 관심은 심리적인 필요성에서 비롯했다. 그는 신에게서 아버지 같은 존재의 표상을 발견하길 원했다. 샤틀레 부인에게 이러한 동기는 지나치게 인간적인 것으로 여겨졌다. 보다 철학적인 견지에서 그녀는 세계의 근본조건에 대한 확실한 체계를 세우고자 신과 종교의 비판 문제에 몰두했다.

볼테르는 극작품들을 써서 샤틀레 부인에게 문학적인 위안과 기쁨을 주었다. 엄청난 생산력을 갖춘 문인답게, 볼테르는 같은 시기 두 편의 역사서를 썼다. 각각 『국가들의 풍속과 정신에 대한 시론』과 『루이 14세의 시대』라는 제목으로 출간될 이 두 역사서의 집필 동기 중 하나는 연인을 위한 역사 강의였다. 샤틀레 부인은 역사를 좋아하지 않았다. 그녀의 합리주의적 정신은 역사에서 인간성의 실패와 오류를 증명하는 단편적인 사실들의 집합만을 발견했다. 『국가들의 풍속과 정신에 대한 시론』에 붙은 두 편의 서문에서 "한 시대와 모든 시대를 통틀어 대단히 드문 인물이자 그 지성이 모든 영역에 두루 걸친 한 여인"이 누구를 가리키는지는 사뭇 자명하다.

자연과학 역시 두 사람의 관심이 향한 대상이었다. 샤틀레 부인이 편의를 봐준 덕택에, 볼테르는 "실험과학"에 필요한 각종 기구들을 구비해서 다양한 실험을 수행했다. 그들은 1738년, 불의 본성을 주제로 왕립 과학아카데미가 논문을 공모하자 『불의 본성과 확산에 관한 시론』이라는 동일한 제목으로 두 편의 논문을 제출했다. 아쉽게도 두 사람 모두 수상에 실패했지만 과학에 대한 열의는 사그라들지 않았다. 볼테르는 샤틀레 부인이 직접 라틴어를 번역하고 주석을 단 뉴턴의 『자연철학의 수학적 원리』의 도움을 받아 좀더 대중적인 독자들을 위한 『뉴턴 철학의 기초』를 썼다.

  따라서 연인과 함께하는 한 이 유배의 시간이 비생산적인 유폐의 시간은 아니었다. 그들은 정말로 많이 읽고 많이 썼다. 그리고 이 "대단히 관능적인 철학자들"은 샴페인과 멋진 음식을 지인들과 나누며 삶의 즐거움을 누렸다. 이 시간은 사랑의 시간이면서 학문의 시간이었다. 타의에 의해 파리를 떠난 볼테르는 이 시기를 겪으며 정주하는 삶이 주는 안온함을 누릴 수 있었다. 여러 평자들이 지적하듯이, 이 시기 두 연인의 삶은 그들을 방문한 여러 사람들을 관객으로 삼은 일종의 연극이기도 했다. 그들이 공통적으로 지닌 약간의 자아도취적 성향은 아마도 이 역할극을 보다 자연스럽게 수행하도록 만들었을 것이다.

  그러나 많은 연인들처럼 둘의 관계는 부침을 겪는다. 1744년, 볼테르는 자신의 조카였던 드니 부인에게 연정을 품으면서 옛 연인과 심리적으로 멀어진다. 샤틀레 부인 역시 군인이자 범속한 문사인 생랑베르 후작과 열렬한 사랑에 빠진다. 그럼에도 불구하고 볼테르는 그녀를 떠나지 않았고 마지막 순간까지 그녀 곁을 지켰다. "20여 년의 우정을 존중해야 한다"고 생각했기 때문이다. 그러나 1749년 9월, 샤틀레 부인은 생랑베르의 아이를 낳고 엿새 후, 악화된 산후열로 인해 사망한다. 볼테르는 진실한 사랑과 존경, 우정의 대상이었던 에밀리의 상실을 애도했다.

  1706년생. 그녀는 라이프니츠의 물리학을 해설했고, 뉴턴의 저작을 번역하고 주석을 달았다. 그녀의 이러한 자질은 궁정생활에는 별 쓸모가 없었다. 그러나 바로 그 덕분에 샤틀레 부인은 학문을 뽐내고 그녀의 재능이 가진 깊이와 뛰어난 표현력을 예찬한 모든 국

가들로부터 존경을 받았다. 프랑스를 빛낸 모든 여성 중에서 그녀
가 진정으로 가장 뛰어난 지성의 소유자였다. 1749년 사망.

—볼테르, 『루이 14세의 시대 문학사를 위해 작성된,
이 시기에 등장한 대부분의 프랑스 작가들의 알파벳순 일람』

참고문헌

Œuvres complètes de Voltaire, ed. Theodore Besterman, W. H. Barber, Ulla Kölving, Haydn T. Mason, Nicholas Cronk, et. al., 203 vols. Oxford, Voltaire Foundation, 1968–

Bénichou, Paul, Le Sacre de l'écrivain. 1750-1830. Essai sur l'avènement d'un pouvoir spirituel laïque dans la France moderne, Paris, José Corti, 1973.

Lilti, Antoine, The Invetion of Celebrity: 1750-1850, Cambridge/Malden, Polity Press, 2017.

Pomeau, René, et. al., Voltaire en son temps, Paris/Oxford, Fayard/Voltaire Foundation, 1995.

Vila, Anne C., Suffering Scholars: Pathologies of the Intellectual in Enlightenment France, Philadelphia, University of Pennsylvania Press, 2018.

———

최요환_이화여자대학교 불어불문학과 조교수

프랑스 파리8대학에서 프랑스 계몽주의와 볼테르에 대한 논문으로 박사학위를 받았다. 사상사의 관점에서 18세기 프랑스에 시도된 다양한 형식의 문학 실천을 연구하는 데 관심이 있다.

낭만적 사랑의

혁명

남녀 간에 순수한 우정은 가능한가? 이는 현재까지도 수많은 연애 관련 방송이나 연애 상담 게시판에 단골로 등장하는 논쟁거리다. (두 사람이 이성애자라면) 그들의 우정은 아직 당사자가 자각하지 못한 '사랑'이거나 한 사람의 은밀한 짝사랑으로 유지되는 아슬아슬한 관계가 아닐까? 연인 혹은 배우자의 이성 친구 교제를 어디까지 인정해줄 수 있는가도 시시비비를 따지는 문제다. 남녀 사이에 순수한 우정이 성립할 수 있다면 연인이 이성 친구와 무얼 하든 얼마든지 용인해줄 수 있지 않을까? 18세기 서양에서도 이성 간의 우정은 중요한 화두였다. 하지만 문제가 되는 지점은 사뭇 달랐다. 남성과 여성이 서로 친구가 될 수 없다면, 이는 우정이 언제든 사랑이 되어버릴 위험 때문이 아니었다. 전통적으로 우정은 친구들 간의 상호 등등한 정신적 독립성을 요구하는 일로 여겼는데, 여성이 남성과 동등한 독립성을 갖추지 못한다는 것이 보다 큰 이유였다. 이렇듯 남녀 간 우정의 가능성을 부정하는 쪽에서는 여성의 자격을 문제삼았다. 따라서 여성은 남성에게 가정의 동반자인 '아내'나 육체적 쾌락을 주는 '애인' 혹은 '정부'는 될 수 있어도 친구는 될 수 없다는 생각이 18세기 중반까지 널리 퍼져 있었다.

사 랑 의   이 원 론

—

많은 문화권과 마찬가지로 서양에서도 정신적 사랑과 육체적 사랑을 구별하는 이원론적 전통이 사랑의 담론을 강력하게 지배해왔다. 이 전통은 고대 그리스부터 기독교 교리, 르네상스, 근세철학을 거쳐 18세기에 이르기까지 흔들림 없이 지속되었다. 진리에 대한 사랑, 우정, 신에 대한 사랑, 이성적 사랑 등으로 그 구체적인 성격은 조금씩 변주되었으나 정신적 사랑이 감각적 사랑에 대해 갖는 우위는 변함이 없었다. 이런 위계 속에서 정신적 사랑의 대표적 형식인 우정에 대한 찬미가 넘쳐나는 것은 당연했다. 특히 남성들 간의 우정은 미덕에 근거한 자발적인 관계라는 점에서 남성이 여성과 맺는 '자연적' 관계인 결혼과 연애보다 훨씬 더 고상한 사랑으로 높게 평가되었다.

서양에서 우정은 오랫동안 남성의 전유물이었다. 우정을 정의하고 예찬하는 수많은 담론에서 여성은 배제되어 있었다. 그러나 18세기 중반부터 상황은 변화하기 시작한다. 18세기는 연구자들에 의해 "우정의 세기"라 명명되었을 만큼 그 어느 때보다도 덕성을 갖춘 개인들 간의 바람직한 행동 모델로서 우정의 이상이 널리 확산된 시기였다. 특히

요한 게오르크 펜첼(Johann Georg Penzel), 조피 폰 라 로셰(Sophie von La Roche)의 소설 『파니와 율리아 또는 여자친구들*Fanny und Julia oder Die Freundinnen*』의 표지 그림, 약 1801년.

18세기 후반 여성 작가들이 등장하면서 여자 친구들 간의 우정을 찬미하는 소설도 급격하게 증가했다.

영국이나 프랑스에 비해 시민 사회의 성립이 늦었던 독일에서 우정은 시민들이 공동체를 구성하는 바람직한 형식으로 격상되었고, 지식인 사이에서는 우정이 약화된 종교의 기능을 일부 대신하는 '세속화된 신앙'으로서 교양 공동체의 구심점 역할을 했다. 또한 17세기부터 영국을 중심으로 바람직한 결혼생활은 우정에 바탕을 두어야 한다는 생각이 퍼져갔다. 그렇다면 여성에게서 우정의 능력을 인정하지 않는 것은 사회적으로 장점보다는 단점이 많았다. 또한 사교계와 문단에서 지적으로 두각을 나타내는 몇몇 여성의 존재는 지식인 남성들로 하여금 여성을 매력적인 '친구'의 후보로 진지하게 고려하게 만들었다.

아 내 보 다   더   소 중 한   여 자   친 구 :
야 코 비 의 『 볼 데 마 르 』
—

여성이 지닌 정신적 능력이 18세기 후반부터 재평가됨에 따라 남성 지식인 사이에서 여성과 순수한 우정을 맺고 유지할 수 있다는 긍정적인 전망이 열리기 시작한다. 이를 잘 보여주는 소설이 프리드리히 야코비Friedrich Jacobi의 『볼데마르Woldemar』(1796)이다. 여자들이란 확고한 신념도 취향도 없는 변덕스럽고 의존적인 '푸들' 같은 존재라고 생각했던 청년 볼데마르는 헨리에테라는 분별력 있고 이해심 많은 여성을 만나면서 여성을 자신의 최고의 친구로 삼겠다는, 당대로서는 꽤나 급진적인 결심을 한다. 이것이 얼마나 급진적인 선택이었는가는 그가 헨리에테와의 결혼을 극렬히 거부한 데서 잘 드러난다. 앞서 언급했듯 남녀가 (충동적이고 저급한) 사랑보다는 우정을 토대로 부부가 되는 것은 권

필리프 오토 룽게(Philipp Otto Runge), 〈우리 셋Wir drei〉, 100×122cm, 1805, 함부르크 쿤스트할레에 소장
되었으나 1931년 화재로 소실.
화가 필리프 오토 룽게(우측)가 자신의 부인 파울리네와 자신의 형 요한 다니엘 룽게(좌측)와 함께 있는
모습을 그린 그림

장할 만한 일이었다. 그러나 우정이 결코 사랑의 '열정'으로 퇴화돼서는 안 된다고 믿는 볼데마르는 헨리에테와의 우정을 지킨다는 이유로 그녀의 가장 친한 친구와 결혼하기에 이른다. 이러한 행동은 당대 사랑과 우정의 의미망이 현재와 얼마나 달랐는가를 보여주는 동시에 18세기 말까지도 정신과 육체의 이원론이 얼마나 강력하게 작동했는지를 말해준다. 우정이란, 연애는 물론이며 결혼으로도 오염되어서는 안 되는 순수한 정신적 관계여야 한다. 『볼데마르』는 우정을 사랑과 결혼보다 더 높게 평가하는 유구한 전통을 계승한다.

삼 자 결 혼 : "행 복 의   트 라 이 앵 글"

—

18세기 말 남녀 간의 우정이 새롭게 긍정되었다 해서 사랑의 이원적 구도가 뒤흔들린 것은 아니었다. 오히려 이 시기 독일에서는 배우자 외에 다른 이성 친구를 두거나 "삼자결혼die Ehe zu Dritt" 관계를 맺으려는 시도가 발견된다. 예컨대 게오르크 포르스터(제임스 쿡의 세계일주에 동행해 유명해진 민속·박물학자이자 프랑스 혁명을 지지했던 공화주의자)는 자신의 아내 테레제의 친한 남자 친구이자 작가인 마이어F. L. W. Meyer를 질투하기는커녕 이렇게 말했다고 알려져 있다. "우리 테레제의 형제이자 친구로서 서로 사랑합시다." 또한 작가이자 여권론자였던 에밀리에 폰 베를렙슈Emilie von Berlepsch는 소설가 장 파울에게 다른 여성과의 결혼을 권하면서 자신은 그 옆에서 친구로 함께 살고 싶다고 제안했다. 이러한 삼각관계는 사교계에서 이례적인 것이 아니었고 심지어는 "행복의 트라이앵글"로 찬미되기도 했다. 삼자결혼은 친구와 연인, 부부가 서로 침

범해서는 안 되는 고유한 관계라는 굳건한 믿음에서 비롯되었다. 그것
은 현재 우리가 생각하듯 외도나 '정신적 바람'으로 쉽게 치부될 수 없었
다. 아직 사랑의 진정한 배타성은 형성되지 않았던 것이다.

낭만적 사랑이라는 혁명:
F. 슐레겔의 『루친데』
—

두 사람의 관계가 유일무이하고 배타적이어야 한다는 요구는
처음부터 영혼과 육체의 분리를 전제하는 우정의 개념에서는 성립될
수 없었다. 그 요구는 '낭만적 사랑romantische Liebe'이라는 이념에서 처
음으로 성공을 거둔다. 18세기 말과 19세기 초 독일에서 등장한 낭만
적 사랑은 지금까지 엄격하게 분리됐던 사랑과 결혼, 성적 결합과 정신
적 결합을 통합하는 친밀 관계라고 규정할 수 있다. 이 관념의 형성에
크게 기여한 사상가가 독일의 초기 낭만주의를 대표하는 문인이자 철
학자 프리드리히 슐레겔Friedrich Schlegel이다. 그는 육체적 사랑을 스스
럼없이 다루어 당대에 큰 스캔들을 일으킨 실험적 소설 『루친데Lucinde』
(1799)에서 낭만적 사랑의 이념을 주장한다. 자신의 삶이 파편처럼 분열
되어 있다는 사실에 괴로워하는 주인공 율리우스는 연애와 우정, 학문
과 예술 등을 편력하며 존재의 통일성과 행복을 찾아보지만 실패한다.
그는 다양한 여성을 만나봤지만 언제나 특정한 감정만을, 예컨대 열정
이나 성애, 혹은 우정만을 느껴왔기에 만족할 수 없었다. 또 사랑의 환
멸에 시달려 남성들과의 우정으로 도피도 해봤지만 그곳에서도 깊은
결핍을 느끼고 방황한다. 이런 율리우스를 구원해준 것이 루친데와의

낭만적 사랑이다. 그는 화가 루친데와 같이 밤을 보내면서 그녀와 완벽한 일체감을 느끼고 자신이 그토록 갈망했던 존재의 통일성을 체험한다. 그녀와의 사랑이 개인의 분열된 관계를 극복하는 총체적인 것이기 때문이다. 그는 루친데와의 관계에서 진정한 사랑의 본질을 깨닫는다. "사랑에는 모든 것이 담겨 있어요. 우정, 아름다운 사교, 감각적 욕망과 열정, 그리고 이 모든 것이 사랑 안에 있어야 […] 해요." 여기서 처음으로 육체적 사랑이 높은 평가를 받는다. 진정한 사랑은 성적 사랑에서 절정에 이르며, 성적 사랑이야말로 진정한 사랑의 필수 전제가 된다. 물론 육체적 관계만을 강조하는 것은 아니다. 낭만적 사랑의 의미는 감각적 사랑과 정신적 사랑의 구분을 넘어섰다는 데 있다. 진정한 사랑이란 분리를 모르는 것이어야 한다. 사랑이란 한 개인의 고유한 인격을 사랑하는 일일진대, 어떻게 연인의 정신과 몸을 분리해서 사랑할 수 있단 말인가. 슐레겔은 이렇게 사랑을 새롭게 규정함으로써 사랑의 유구한 이원론적 전통을 파괴한다. 낭만적 사랑은 이런 점에서 '혁명'이라 불려도 마땅하다.

더 욱   나 다 운   나 :   자 아 의   실 현 과   고 양
—

낭만적 사랑의 혁명적 성격은 여기에서 그치지 않는다. 독일의 사회학자 니클라스 루만Niklas Luhmann은 낭만적 사랑에 대한 유명한 연구서 『열정으로서의 사랑: 친밀성의 코드화*Liebe als Passion: Zur Codierung von Intimität*』(1982)에서 18세기 말 낭만적 사랑이 등장함으로써 사랑이 자율적인 소통체계에 도달했다고 주장한다. 풀어서 얘기하자면 낭만적 사랑에 이르러서야 비로소 우리는 "왜 나는 너를 사랑하는가"라는 질문에 "사랑하니까 사랑한다"라는 동어반복적인 대답을 제출하게 되었다는 것이다. 그전까지 사랑의 정의는 종교와 도덕, 철학 등의 담론 안에 종속되어 있었으나 낭만적 사랑의 언어는 자기 자신에 준거하여 자신을 정의하는 데 성공함으로써 자율적이고 독립적인 소통체계를 만들어냈다. 루만은 낭만적 사랑만이 다른 친밀 관계와 달리 유일하게 이러한 자율성에 도달했다고 본다. 예컨대 우정은 여전히 덕의 언어에 지배를 받으며, 결혼은 오늘날까지도 경제와 종교, 도덕의 영역과 독립되어 있다고 말하기 어렵다.

그렇다고 사랑의 자기 준거성이 설명할 수 없는 운명이나 정념으로 환원되는 것은 아니다. 그런 요소가 아예 없는 것은 아니지만, "사랑하니까 사랑한다"는 "너니까 사랑한다"라는 의미로 이해되어야 한다. 이제 우리는 어떤 사람이 파트너의 신분이나 경제력, 외모, 미덕보다는 그 사람의 "세계내포성welthaltigkeit", 즉 한 인격이 그의 고유한 세계를 갖고 있다는 사실을 사랑할 때 이를 진정한 사랑이라고 생각하게 된다. 낭만적 사랑은 이렇게 지극히 고유하기에 소통하기 어려운 개인의 인격이라는 개념을 전제로 한다. 그리고 소통 불가능한 개인들의 소통을 가능하게 하는 것은 사랑뿐이라고 주장한다. 여기서 사랑의 특권과 배타성이 성립된다. 오직 연인만이 서로를 이해하고 알아줄 수 있다. 『루친데』에서 율리우스는 루친데만이 자신을 완전히 이해해줄 수 있다고 말한다. 동시에 사랑은 세계내포성을 상대방만이 아니라 나 자신에게도 요구한다. 슐레겔은 다음과 같이 강조한다. "네가 사랑하는 사람에게서 세계를 발견하지 못할 때에도 너는 그를 사랑할 수 있을까? 사랑의 대상에게서 세계를 발견하고 그에게 몰두할 수 있기 위해서는 이미 세계

를 소유하고 있어야 하고 또 사랑해야" 한다. 사랑은 이렇게 고유한 세
계에 대한 지향이면서 자신의 고유한 세계의 발전이어야 한다.

　　여기에서 사랑을 우정의 우위에 두려는 슐레겔의 의도가 명백
하게 드러난다. 그는 우정의 전통적인 이상을 낭만적 사랑의 이상에 통
합시킨다. 보통 사랑이 일시적이고 몰아적이며 의존적이라면, 우정은
자발성과 동등성을 바탕에 둔 독립적이고 자유로운 지속적인 관계라는
믿음이 여기서 뒤집어진다. 슐레겔은 두 연인이 사랑을 시작하자 "서로
에게 스스로를 완전히 내어주며 하나가 되었으며, 그럼에도 각자는 전

적으로 자기 자신이었으며, 이전의 자신의 존재 그 이상이었다"라고 쓴다. 사랑은 세계내포성, 즉 고유한 개성을 요구하되, 그 개성을 무한히 상승시켜준다. 슈만이 클라라에게 바친 노래 〈헌정Widmung〉의 가사처럼 사랑은 "더 나은 나"를 만들어준다. 슐레겔이라면 '더 나다운 나'라고 말했을 것이다. (우정이 아니라) 사랑이 자아의 발견과 형성을 돕는다. 이렇게 사랑은 우리를 교양의 길로 이끈다. 따라서 사랑을 매개로 하는 두 고유한 인격의 만남과 통일은 새로운 교양 공동체의 토대가 될 수 있다고 슐레겔은 전망한다.

낭만적 사랑이라는 이데올로기
—

『루친데』에서 사랑을 통해 자아를 완성해나가는 쪽은 율리우스요, 그런 율리우스를 돕는 쪽은 루친데다. 슐레겔은 남성에게 사랑을 가르쳐줄 수 있는 여성의 능력을 예찬함으로써 그간 폄하되어온 여성성의 가치를 재평가하기도 하지만, 다른 한편으로는 낭만적 사랑의 이상이 처음부터 남성 중심적이었음을 숨기지 않는다. 슐레겔 스스로가 인정했듯이 사랑을 통한 교양의 길은 아직은 남성에게만 열려 있었던 것이다. 또한 낭만적 사랑이 서로 타고난 성을 상대화하여 자신의 성을 초월할 수 있는 보다 조화롭고 독립적인 인간으로 만들어줄 수 있다는 슐레겔의 생각은 젠더에 대해서 당시로서는 진일보한 관점을 보여주지만, 오늘날에는 그것의 이성애 중심성이 더 두드러져 보이기도 한다. 이렇게 18세기 말에 혁명처럼 등장한 낭만적 사랑은 오늘날에는 보수적인 이데올로기로 비칠 수 있다. 그러나 현재 낭만적 사랑이라는 관념 아래

이해되는, 사랑은 결혼으로 '골인'해야만 완성된다는 이데올로기와, 슐레겔의 낭만적 사랑의 이상은 분명 거리가 있다는 점을 마지막으로 언급해야 할 것이다.

이 글은 다음의 논문을 재구성한 것이다.
이경진, 「낭만적 사랑과 우정―야코비의 『볼데마르』와 F. 슐레겔의 『루친데』를 중심으로」, 『인문논총』 77권 4호, 2020, 43~80.

참고문헌

앤서니 기든스, 『현대 사회의 성·사랑·에로티시즘』, 배은경·황정미 옮김, 새물결, 2001.
니클라스 루만, 『열정으로서의 사랑: 친밀성의 코드화』, 정성훈·권기돈·조형준 옮김, 새물결, 2009.
프리드리히 슐레겔, 『루친데』, 이영기 옮김, 문학동네, 2020.
프리드리히 슐레겔, 「철학에 대하여」, 필립 라쿠-라바르트/장-뤽 낭시, 『문학적 절대. 독일 낭만주의 문학 이론』, 홍사현 옮김, 그린비, 2015.
Jacobi, Friedrich Heinrich, "Woldemar", Friedrich Heinrich Jacobi Werke 7-1. Romane II (hg. v. C. Götz u. a.), Hamburg: Felix Meiner, 2007.
Kluckhohn, Paul, Die Auffassung der Liebe in der Literatur des 18. Jahrhunderts und in der deutschen Romantik, 3. Aufl., Tübingen: Max Niemeyer, 1966.
Meyer-Krentler, Eckhardt, "Freundschaft im 18. Jahrhundert. Zur Einführung in die Forschungsdiskussion", Frauenfreundschaft- Männerfreundschaft. Literarische Diskurse im 18. Jahrhundert (hg. v. W. Mauser/B. Becker-Cantarino), Tübingen: Niemeyer, 1991, 1-22.
Schlegel, Friedrich, Lucinde. Studienausgabe, Stuttgart: Reclam, 1999.
https://www.rdklabor.de/wiki/Freundschaft

이경진_서울대학교 독어독문학과 부교수
독일 본대학에서 독일 낭만주의 번역 담론에 대한 논문으로 박사학위를 받았다. 독일 낭만주의, 문학 및 번역이론, 독일의 문화이론 및 지성사에 관심이 있다. W. G. 제발트의 『공중전과 문학』, 『캄포 산토』, 『전원에 머문 날들』, 아감벤의 『도래하는 공동체』, 아도르노의 『신극우주의의 양상』을 번역했다.

루소의

『쥘리, 신 엘로이즈』와

엘로이자의 후예들

낭만적 사랑을 18세기의 발명품으로 볼 것인가에는 다소 이론의 여지가 있다. 이미 11~12세기 중세 프랑스와 영국에서 등장하는 궁정연애courtly love, 또는 기사도적 사랑이 그 원형으로 소환되기도 한다. 그러나 낭만적 사랑은 소설의 발생과 더불어 18세기 들어 급격히 대중화된다. 스톤Lawrence Stone의 설명처럼 정서적 개인주의, 동반자적 결혼의 대두와 함께 낭만적 사랑의 이상은 18세기 후반 영국의 중요한 문화현상이 된다. 캠벨은 이 시기의 낭만적 사랑을 이렇게 정의한다.

모든 차원에서 완벽하게 결합할 수 있는 사람은 세상에 단 한 사람뿐이라는 생각. 그 사람의 개성이 너무나도 이상화되어 평범한 단점이나 본성의 어리석음은 시야에서 사라진다. 사랑은 번개처럼 첫

눈에 반하는 것이며 세상에서 가장 중요한 것이라 다른 고려 사항, 특히 물질적인 고려는 당연히 희생되어야 한다. 마지막으로 그 결과가 다른 이들에게는 아무리 지나치고 터무니없어 보일지라도 개인의 감정을 거리낌없이 표현한다는 것은 감탄스러운 일이다.

이처럼 낭만적 사랑의 표식 중 하나인 첫눈에 반하는 것의 의미는 우리의 감각을 통해 타인의 내면과 영혼을 들여다볼 수 있다는 18세기 감성주의적 맥락과 결합하여 탄생한다. 오랫동안 원죄를 갖고 태어난 존재로 간주되던 인간이 어느 순간 신성을 실현할 수 있는 가능성을 담지한 존재로 변모하는 현상은 18세기 도덕철학의 부상과 함께 도래한다. 아름다움과 도덕을 직관적으로 파악할 수 있는 능력으로서 인간의 감각에 주어진 고양된 가능성은, 콜린 캠벨Colin Cambell의 지적처럼 그 어느 때보다도 '첫인상'에 중요한 의미를 부여하도록 했다.

18세기 쥘리와 생프뢰, 12세기 엘로이즈와 아벨라르
—

낭만적 사랑과 감성주의의 결합을 이야기하기 위해서는 루소의 『쥘리, 신 엘로이즈*Julie, ou la Nouvelle Héloïse*』(이하 『쥘리』)를 빼놓을 수 없다. 아름다운 귀족 아가씨와 가난하지만 맑은 영혼을 소유한 가정교사는 서로에게 반하고, 쌓여가는 조우 속에 서로가 마음과 영혼이 꼭 닮은 운명의 단짝임을 깨닫고 뜨거운 열정에 빠져든다. 그러나 가문과 재산의 차이, 가족의 반대, 그들을 받아들일 수 없는 사회적 관습은 두 사람이 공유하는 덕성의 교류와 영혼의 가치를 알아보지 못한 채 이들의 결합을 무화시키고, 귀족 가문의 딸은 아버지의 은인과 결혼한다. 두 아이의 엄마가 된 여자의 남편이 아내의 옛 연인을 초대하면서 이들의 이른바 "3인 가정"은 우정에 기반을 둔 성숙한 관계를 지향점으로 위태롭게 지속되지만, 결국 여자는 물에 빠진 아이를 구하다가 마치 스스로의 선택처럼 죽음을 맞이한다. 이 이야기는 1761년 출간되어 단숨에 베스트셀러가 된 루소의 소설을 단순화를 무릅쓰고 요약해본 것이다. 쥘리 데탕즈와 생프뢰의 낭만적 유대는 취향과 덕성의 교류와 분리될 수 없고, 현재 관점에서 다소 생경하게 느껴지는 삼자관계ménage à trois 실험과 그 혁명성은 사랑과 감정이 개인적 차원을 넘어 공동체의 구성 원리가 될 수 있다고 믿었던 감성주의의 맥락에서 나온다. 비록 남성 인물들의 이름에 제목을 내주긴 했으나, 트뤼포가 〈쥘과 짐〉에서 매혹적으로 변주하는 삼자관계의 문학적 기원은 꽤 멀리로 거슬러올라간다.

책의 부제인 '신 엘로이즈'는 쥘리와 생프뢰의 관계, 둘이 주고받는 편지가 12세기 파리를 떠들썩하게 했던 '세기의 스캔들' 아벨라르Pierre Abélard와 그의 제자 엘로이즈 이야기를 연상시키는 데서 온다. 1117~1119년경 엘로이즈의 숙부 퓔베르는 영특한 조카를 위해 아벨라르를 가정교사로 고용하는데, 17세 소녀를 만난 38세의 신학자는 격렬한 열정을 느끼게 된다. 곧 두 사람 사이에서 아이가 태어나고, 이들은 비밀리에 결혼식을 올린다. 나중에 이 사실을 알고 격분한 퓔베르는 사람을 보내 아벨라르를 거세함으로써 복수한다. 결국 헤어지고 만 두 사람은 종교에 몸을 의탁해 유명한 수사와 수녀가 되었다. 종교에 귀의한 한참 후에 아벨라르가 엘로이즈와의 관계를 친구에게 털어놓은 『고난의 이야기Historia Calamitatum』는 13세기 말에 『장미 이야기Roman de la Rose』의

앙겔리카 카우프만(Angelica Kauffmann), 〈아벨라르와 엘로이즈의 이별Parting of Abelard and Héloise〉, 1780, 상트페테르부르크 에르미타주 미술관 소장.

엘로이즈는 수녀원 문 앞에서 눈물을 흘리고 있고, 아벨라르는 헤어짐이 못내 아쉬워 연인의 손을 꼭 잡고 있다. 아벨라르와 엘로이즈의 나이차가 스무 살 정도였던 사실과 무관하게 그림 속 아벨라르는 연인과 비슷한 나이의 청년으로 그려져 있다. 18세기적인 낭만적 사랑에 대한 인식이 투영되어 있다고 볼 수 있다.

저자로 유명한 장 드 묑이 처음 프랑스어로 번역했다. "엘로이즈의 지식과 편지에 대한 사랑을 알고 있기에 우리가 떨어져 있을 때에도 글로 쓴 메시지를 통해 함께 있을 때보다 더 솔직하게 서로의 존재를 즐길 수 있을 것이라고 생각했다"는 아벨라르의 고백은 편지 쓰기와 유혹의 관

윌리엄 윈 라일런드(William Wynne Ryland),
〈엘로이자Eloisa〉, 1779, 영국박물관 소장.
아벨라르의 편지를 읽고 있는 엘로이자.
앙겔리카 카우프만의 그림을 라일런드가
판화로 제작했다.

오귀스트 베르나르 다제시
(Auguste Bernard d'Agesci),
〈엘로이즈와 아벨라르의 편지를
읽고 있는 여인Lady Reading the
Letters of Héloïse and Abelard〉,
1780, 시카고 아트 인스티튜트
소장.

베르나르 다제시는 오귀스트 베
르나르가 화가로서 사용했던 이
름이다. 18세기 중후반에 유행
한 서간체 소설은 여성들에게
큰 인기를 끌었으나, 여성의 읽
기에 대한 욕망은 종종 성적인
유혹과 방종에 노출되어 있음으
로 해석되었다. 이 그림 역시 이
러한 맥락을 반영한다.

계에 대한 최초의 본격적인 고백이라 할 만하다. 후대에 전해져 내려오던 이들의 명성은 17세기에 엘로이즈의 서한이 출판되면서 더욱 공고해진다. 18세기 영국과 프랑스에서 이들의 이야기에 보낸 열광은 여러 이미지를 통해 확인된다.

포프의 「엘로이자가 아벨라르에게」와 영화 〈이터널 선샤인〉
—

엘로이즈와 아벨라르의 편지는 1616년에 파리에서 라틴어로 출간되었지만, 영국 독자들이 이들의 편지를 본격적으로 접한 것은 1713년 존 휴스의 번역본 『아벨라르와 엘로이자의 편지*Letters of Abelard and Eloisa*』를 통해서다. 1717년에 발표된 영국 시인 알렉산더 포프의 시 「엘로이자가 아벨라르에게*Eloisa to Abelard*」 역시 휴스의 번역본에 바탕을 두고 있다. 포프는 누구보다도 풍자에 능했던 18세기를 대표하는 남성 시인이지만, 이 시에서는 세속의 연인에 대한 열정과 수녀로서 신에 대한 종교적 사랑 사이에서 갈등하는 여성 인물의 내면을 오로지 엘로이자의 목소리만으로 섬세하게 포착하는데, 이런 점에서 포프의 방대한 작품 세계에서 꽤나 예외적인 작품이라 할 수 있다.

> 죄 없는 수녀의 운명은 얼마나 행복한가!
> 세상을 잊고, 세상에서 잊힌,
> 티끌 하나 없는 마음의 영원한 햇살!
> 모든 기도는 응답되고, 모든 소망은 체념한,

18세기의 사랑

How happy is the blameless vestal's lot!
The world forgetting, by the world forgot.
Eternal sun—shine of the spotless mind!
Each prayer accepted, and each wish resigned. (207~210행)

앞서 엘로이자는 "내 사랑, 나의 삶, 나 자신 (…) 그리고 당신을 포기"하고 "당신의 유일한 적수이자 당신을 계승할 수 있는 유일한 이, 신에게 나의 어리석은 마음"을 맡기겠다고 고백함으로써(204~206행) 연인에 대한 이룰 수 없는 열정을 신앙으로 승화하고자 하는 동시에 신이 아니라면 그 무엇과도 바꿀 수 없는 깊은 사랑을 버려야 하는 안타까움을 토로한다. 마침내 세속적 열정을 신앙으로 대신함으로써 죄 없는 행복과 기도의 응답을 얻게 되었으나, 그 행복은 세상을 잊고 모든 소망을 체념한 데서 오는, 세상과 화해할 수 없는 상태에 다름 아니기도 하다.

미셸 공드리 감독의 영화 〈이터널 선샤인〉의 원제 'Eternal Sunshine of the Spotless Mind'는 이 시 「엘로이자가 아벨라르에게」에서 따온 것이다. 각본을 쓴 찰리 카우프먼의 엘로이즈와 아벨라르 이야기에 대한 매혹은 그의 전작 〈존 말코비치 되기〉의 인형극 장면에서도 확인된다. 기억의 회귀와 망각, 사랑의 회귀성을 아름답게 직조한 영화 〈이터널 선샤인〉에서 기억을 지워주는 회사 라쿠나에 다니는 메리(커스틴 던스트)는 상사에게 포프의 시를 들려준다. 이때 메리는 자신이 그를 사랑했던 기억이 지워진 것을 기억하지 못한다. 메리가 이 구절을 암송하는 동안 영화의 두 주인공 조엘(짐 캐리)과 클레멘타인(케이트 윈즐릿)의 행복했던 시절이 오버랩된다. 아픈 이별을 경험한 이들은 서로의 기억을 지우는 길을 선택하지만, 예정된 우연으로 마주치고 다시 사랑에 빠

피에르 폴 프루동(Pierre-Paul Prud'hon),
루소의 「쥘리, 신 엘로이즈」
삽화(Illustration pour Julie ou la nouvelle
Héloïse, de Jean-Jacques Roussea) 중
에서 〈첫 입맞춤Le Premier Baiser〉,
1792~1799년경.

진다. 아벨라르를 잊기 위해 세상을 잊고 세상에서 잊힘으로써 천국의
영원한 햇살을 받고자 했던 엘로이즈처럼 이들은 서로를 잊어버림으로
써 각자의 머릿속에서 서로의 자국을 티끌 하나 남김 없이 지워내고자
하지만, 결국 실패한다. 마치 루소의 소설 『쥘리』 1부 열네번째 편지에
서 쥘리와 처음 입을 맞춘 생프뢰가 "이 환상과 열정의 순간에 대한 불
멸의 기억은 쥘리의 매력이 나의 영혼 안에 새겨져 있는 한 결코 사라지
지 않을 것"이라고 고백했던 것처럼.

쥘리와 줄리아

—

1761년 루소의 소설이 발간되자마자 그해 4월 영국에서 윌리엄 켄릭의 첫 번역본이 발 빠르게 출간된다. 이후 헨리 매켄지와 윌리엄 고드윈 등 유수의 필자들이 '루소풍'의 서간체 소설을 내놓으면서 18세기 말 영국에서 '쥘리 현상'이라 불릴 만한 루소 소설에 대한 열광에 동참했다.

매켄지의 마지막 소설로, 지금은 거의 잊혔지만 18세기 후반에는 비극적인 사랑 이야기로 상당한 인기를 끌었던 『줄리아 드 루비니』는 프랑스를 배경으로 '줄리아'가 주인공인 루소 소설의 자장 안에 드는 작품이다. 부유한 집의 딸이었지만 아버지가 소송에서 패소하면서 급격히 가세가 기울어 파리를 떠나 시골 마을에 정착하게 된 줄리아 드 루비니는 친구 마리아에게 보내는 편지에서 첫사랑 사비옹과의 관계를 고백한다. 유산을 받지 못했으나 생각이 깊고 학식을 갖춘 사비옹이 줄리아에게 '선생님master' 같은 존재였다거나 두 사람의 같은 생각과 같은 느낌, 둘 사이의 유사성을 강조하는 이들의 낭만적 관계는 쥘리와 생프뢰 사이를 떠올리게 한다. 줄리아의 아버지 루비니 씨는 몬토반 백작에게 금전적으로 빚진 꼴이 되자 부채의식을 느끼고 그에게 줄리아와의 결혼을 허락한다. 사비옹과 한 번도 서로에 대한 감정을 말로 나눠보지 못한 줄리아는 서인도제도에 가 있던 그가 결혼한 것으로 잘못 알고 아버지의 빚을 대신 갚는 마음으로 몬토반과 결혼하지만, 사비옹은 갑자기 나타나 줄리아에게 밀회를 청한다. 사비옹의 청에 응답하는 줄리아의 편지를 몰래 읽은 몬토반은 편지를 오독해 이들의 육체관계를 확신하고 '부정한' 줄리아를 독살한다.

루소의『쥘리』가 감상 소설의 전형이 된 것은 신분 차이를 뛰어 넘는 사랑, 혼전 관계 등 당대의 사회적 관습에 어긋나는 파격적인 설정에도 불구하고 쥘리와 생프뢰의 열정적 사랑이 공감을 이끌어냈기 때문이다. 매켄지는 쥘리와 생프뢰의 관계가 갖는 급진성을 길들이면서 줄리아가 남편의 손에 독살되도록 매듭지었다. 그럼으로써『줄리아 드 루비니』는 감상 소설이 현재의 통속적인 로맨스 장르로 나아가는 궤적에서 중요한 한 대목을 차지하게 됐다. 오늘날 대중적인 로맨스에서 감성과 낭만적 사랑이 맞닿은 부분은 클리셰가 됐고, 이것이 남녀의 사랑 이야기를 소비하는 소비주의와 결합했다.『줄리아 드 루비니』를 구성하는 요소를 이뤄지지 못할 낭만적 사랑, 제도의 경계를 벗어나는 감정, 그 감정을 단죄하고자 하는 권위로 단순화시켜볼 때 이는 우리가 현재 소비하고 있는 통속적인 로맨스의 요소에 거의 부합한다. 이를테면 현재의 통속적인 로맨스 장르는 파산한 감성주의가 남긴 유산으로 볼 수 있는 셈이다.

　　이처럼 18세기 후반 영국 독자들은 루소의『쥘리』에 열광했으나, 소설이 영국에 수용되는 과정에서 플롯의 급진성은 길들여지고 통속성과 로맨스의 비극성이 강화되는 경향을 보이기도 한다. 이후 1789년 프랑스 대혁명이 발발하면서 혁명의 아이콘으로 떠오른 루소의 소설에 대한 영국의 반응은 열광에서 반감으로 급변한다. 그러나 이후에도 쥘리는 미덕과 열정 사이를 오간 시대의 아이콘으로 남는다.

참고문헌

정희원, 「사소함과 소소한 것들: 맥킨지의 『줄리아 드 루비니』에 나타난 감성의 사유화」, 『18세기영문학』 9권 2호 (2012): 59-96.

Colin Campbell, *The Romantic Ethic and the Spirit of Modern Consumerism* (Oxford: Basil Blackwell, 1987).

Linda S. Kauffman, "The Irremediable: Heloise to Abelard." *Discourse of Desire: Gender, Genre, and Epistolary Fictions* (Ithaca: Cornell University Press, 1986).

Stone, Lawrence. *The Family, Sex and Marriage in England 1500-1800* (London: Penguin, 1979).

정희원_서울시립대 도시인문학연구소 교수

서울대학교 영어영문학과를 졸업하고 동 대학원에서 18세기 영국 가정 소설과 프랑스 소설에 관한 논문으로 박사학위를 받았다. 주요 논문으로 「어머니의 유산: 마담 롤랑의 『회상록』과 울스튼크래프트의 『머라이어』」, 「여성들의 유토피아: 크리스틴 드 삐장의 『여성들의 도시』와 마거릿 캐번디시의 『숙녀학교』」 등이 있다. 『18세기 도시』와 『18세기의 방』 집필에 참여하였다.

피그말리온의

사랑

18세기 벽두를 밝히고 한 세기 내내 그 영향력을 유지한 저작으로 나는 주저 없이 존 로크의 『인간지성론』을 꼽겠다. 18세기 철학자들은 모든 지식은 감각에서 온다는 로크의 주장을 새기고 또 새겼다. 예민한 감각은 섬세한 지식을 가져오고 둔한 감각은 조잡한 지식을 마련하는 데 그친다. 교육의 중요성이 강조되는 것이 이 때문이다. 진리는 이미 온전한 상태로 어디엔가 감춰져 있지 않다. 감각을 통해 얻은 지식이 서로 결합하고 연쇄되면서 우리는 그 진리를 향해 한발씩 가까이 가는 것이다.

그러므로 이 시대에 석상의 비유가 왜 그토록 자주 등장하는지 이해하기란 어렵지 않다. 인간보다 더 인간다운 모습으로 조각된 석상에 영혼이 있어서, 자기를 가둔 돌 속의 꿈에서 깨어날 수 있을까? 만일 석상이 깨어난다면 제게 주어진 감각 능력을 연마해 지식을 갖추기까지 얼마만큼의 시간이 들까? 그리고 그 석상은 결국 내가 느끼는 것과 같은 사랑의 감정을 갖게 될까?

오비디우스의 『변신』에 등장하는 피그말리온 신화는 서구에서 시대를 막론하고 예술의 힘의 비유로 숱하게 해석되었지만 18세기가 이 신화에 부여한 의미에는 완전히 새로운 데가 있다. 피그말리온이 깎고 다듬어 만든 석상은 조각가의 열정에 감화된 사랑의 여신을 통해 생명을 얻는다. 그런데 18세기의 피그말리온 이야기에서는 그저 돌일 뿐이었던 석상이 극적으로 생명을 얻는 것보다 생명을 얻은 다음의 이야기가 더욱 강조된다. 생명을 얻은 뒤에는 수많은 경험이 필요하고 그를 이끌어줄 교육이 필요하다. 이런 점에서 피그말리온은 석상을 창조한 조물주고, 걸음마를 시작하는 석상을 이끌어주는 아버지이자 스승이고, 그저 석상이었던 존재에게 점차 사랑의 감정을 느끼게 해주는 연인이자 유혹자이기도 하다. 그렇지만 조각가가 수행하는 서로 다른 역할들은 모순되지 않는다. 조각가는 물질을 빚고, 사랑의 여신은 그 물질에 생명을 불어넣었다. 그는 아버지의 감정으로 그렇게 태어난 딸을 키우고, 스승의 지혜로 그녀의 서툰 감각을 바로잡고, 사랑을 몰랐던 여인에게 사랑의 감정이란 무엇인지 이해시키면서 그녀에게 사랑받는 세상의 유일한 존재가 된다.

조 물 주 로 서 의   조 각 가

—

18세기의 대표적인 피그말리온의 예로 부로 델랑드André-

François Boureau-Deslandes가 1741년에 쓴 『피그말리온 혹은 생명을 얻은 석상』을 꼽겠다. 무신론과 유물론을 주장한 이 철학자의 기발한 상상력은 오비디우스의 신화에 당시 유행하던 리베르탱 소설의 형식을 갖춰주었다. 사랑의 여신은 피그말리온의 간절한 소망에 화답하여 석상에게 생명을 주었다. 그러나 피그말리온은 조금씩 움직이는 석상의 변화를 단번에 감지할 수 없다. "이러한 변화는 결코 갑작스럽거나 훌쩍 일어나는 것이 아니라, 단계적으로, 미묘한 차이를 통해, 감지할 수 없는 움직임으로 이루어진다." 부로 델랑드에게서 생명을 얻은 석상은 "사람 손이 닿지 않은 요람의 아기를 닮은" 것이다. 누워 있던 아이가 어느 날 몸을 일으키고, 앉아 있던 아이가 네 발로 기기 시작하고, 급기야 몸의 균형을 잡고 일어서는 일이 결코 단번에 가능하지 않듯, 부로 델랑드의 석상은 갓 태어난 아기처럼 눈에 띄지 않게 성장하고, 점진적으로 사유의 능력을 갖추기에 이른다. 이제 석상은 피그말리온에게 끊임없이 묻는다. 신이 무엇인지, 자연이 무엇인지 그녀로서는 이해할 수 없다. 감각으로 파악할 수 없는데다. 그런 추상적 관념은 애초에 아이에게 주어지지 않기 때문이다. 이때야말로 부로 델랑드가 자신의 유물론 사상을 마음대로 펼칠 수 있는 기회다. "이 모든 존재가 단 하나의 존재를 구성한단다. 그 존재가 전체이고, 그것을 신이며, 자연이며, 세계라고 부르지." 이는 두말할 필요 없이 스피노자의 대담한 철학의 요약이다. 이제 그는 스승이 되어 제자에게 "올바른 교육"을 시키고, 그 교육을 통해 석상은 관념과 지식을 얻는다.

그렇지만 스승으로서 피그말리온은 추상적인 관념과 지식의 전달에 만족하지 않고 자신의 석상에게 어떻게 존재의 감정을 갖고 행복을 누릴 수 있는지 가르친다. 그 행복은 혼자서는 누릴 수 없고 자아를 벗어나 타인을 받아들여야 얻을 수 있다. 요컨대 석상은 사람들의 세상에 들어서려면 다시 한 번 태어나야 한다. 피그말리온은 석상에게 달려들어 뜨거운 입맞춤을 퍼붓는다. 피그말리온의 이런 갑작스러운 행동에 놀란 석상은 "내가 살게 되자마자 당신은 내가 죽기를 바라느냐"고 쏘아붙인다. 그리고는 "그만해요. 그만하지 마세요. 당신의 격정에 지고 말았어요. 그걸 뭐라고 부르나요?" 그러자 피그말리온은 짧게 대답한다. "쾌락이오."

콩 디 야 크 의   석 상
—

로크의 충실한 제자였던 콩디야크는 피그말리온 신화를 직접 언급한 적은 없지만 1753년에 내놓은 『감각론』에서 석상을 하나 등장시킨다. 우리 지식의 근원인 감각을 갖추지 못한 그 석상에 먼저 한 가지 감각을 부여하고, 차례로 한 가지씩 다른 감각을 주어보자. 감각도 관념도 갖지 못한 존재는 부로 델랑드의 석상처럼 돌덩이에 불과하다. 콩디야크가 자신의 석상에 가장 먼저 부여한 감각은 촉각이었다. 볼 수도, 들을 수도 없는 석상은 오직 손가락이며 피부에 전해지는 감각으로 외부 세상과 접촉한다. 콩디야크는 촉각이야말로 "최소한의 감각의 단계"이며 그렇기 때문에 "근본적인 감각"임을 시사했다. 촉각에서 출발해 점차 다른 감각을 갖추면서 우리의 지식은 확장되고 지성이 계발된다.

촉각만을 갖춘 석상은 어떻게 자신을 발견하고, 자신과 자기 주변의 존재들이 다르다는 사실을 깨닫게 될까? 석상은 손을 자기 몸에 대어보고 그때 만져지는 자신을 느끼며 그것이 '나'라고 생각할 것이다. 앞이 보이지 않는 석상의 손이 다른 물체들을 만질 때 그 느낌은 분명 '나'를 느꼈던 감각과는 다른 것이다. 그리고 다시 한 번 석상이 자기 몸에 손을 댈 때 그것이 여전히 '나'임을 깨달을 것이다. 그렇게 촉각만을 가진 석상은 나와 내가 아닌 것을 구분하게 된다. '자기를 만지기se toucher'야말로 석상이 자아와 외부 세계를 가르는 최초의 지식일 것이며, 오로지 그 행동이야말로 내가 독립적인 존재이고 캄캄한 암흑 속에서 살아 있는 유일한 존재임에 대한 부정할 수 없는 확신을 갖게 해줄 것이다. 그렇지만 '자기를 만지는' 행위는 동시에 자기색정auto-érotisme의 쾌락을 얻어준다. 석상은 애초에 조각가에 의해 '만져진se faire toucher' 존재였고, 이제 자기색정의 쾌락을 타인과의 마주침을 통해, 그러니까 타인에 의해 다시 한 번 '만져지게se refaire toucher' 될 때 갖는 쾌락으로 이전시킬 때 비로소 자아를 확장하고 세상으로 나아가 능동적인 사랑을 갈구할 것이다.

통 제 된 교 육 , 소 유 욕 의 사 랑

—

소위 이성의 시대에 사람으로 변하는 석상의 이야기는 개화된 독자들을 거북하게 만들 수도 있었으리라. 그렇지만 이 세기의 소설가들은 이 주제에 정말 사로잡혔던 것 같다. 사랑의 여신조차 감동한 열렬한 사랑이며, 사랑을 몰랐던 젊은이가 새로운 감정에 눈뜨면서 겪어야 하는 혼란이며, 아버지이자 스승이 시도하는 감정 교육 과정에서 은근히 드러나는 에로티즘은 비단 석상의 이야기가 아니라도 이 시대를 가득 채운 사랑 이야기의 거대한 뿌리가 아니던가? 다음 세기에 나타나는 성장 소설Bildungsroman의 모든 특징이 이미 이 이야기에 담겨 있다.

여기에 장자크 루소의 교육 소설 『에밀』의 영향도 추가해야 하리라. 한 고아 소년의 교육을 맡은 스승은 아이가 아주 어렸을 때부터 도시 아이들이 받는 교육과는 전혀 다른 교육 프로그램을 가동한다. 아이를 도시와 멀리 떨어진 곳에 두고 도시에서 받을 만한 나쁜 영향을 모두 피하게 한다. 스승은 너무 이르지도, 너무 늦지도 않게 에밀이 자연스럽게 사랑에 눈뜰 수 있기를 참을성을 갖고 기다린다. 이런 방식으로 자신의 어린 학생에게 천천히 사랑을 준비시키는 선생이 결국 에밀의 피그말리온이 아니면 무엇이겠는가?

그렇지만 18세기 후반의 소설가들은 아버지와 스승으로서의 피그말리온의 구조는 그대로 둔 채, 교육의 대상인 동시에 유혹의 대상이 되는 어린 소녀와의 사랑 이야기를 지어낸다. 레티프 드라 브르통의 『신新 피그말리온』(1780)이 한 예이다. 어느 날 한 젊은 귀족이 길을 가다가 열두 살 고아 소녀와 마주친다. 그는 갈 곳 없이 구걸하며 살아가는 이 가련한 소녀에게 순전히 연민을 느끼고 그녀를 거두어 아는 부인의 집에 보내 돈을 아끼지 않고 양육을 부탁한다. 소녀는 오갈 데 없는 자신에게 기적이라고 할 행운과 도움을 준 귀족에게 감사한다. 귀족은 자주 소녀를 찾아오고 값진 선물로 그녀를 위로하고 격려한다. 고아 소녀는 점점 더 아름다워지고 점점 더 사랑스러워진다. 귀족은 자신이 "행복한 피그말리온"이 되었음을 깨닫는다. 그리고 소녀와 귀족 사이에는 점차 어떤 설명할 수 없는 감정이 싹튼다. 그 감정은 그저 연민이고 감사일까, 친절한 아버지와 다정한 딸 사이의 자연스러운 정일까, 아니면 그들 자신도 모르게 피어난 연인으로서나 느낄 수 있는 사랑일까? 두 사람은 오랫동안 자기들이 숨겨온 감정의 정체를 알 수 없었다. 그러나 곧 두 사람은 그것이 이성에 대한 사랑의 감정임을 깨닫는다. 귀족은 그녀를 아내로 맞고 싶지만 그의 높은 신분이 오히려 그녀와의 결혼에 걸림돌이 된다. 소녀는 고민 끝에 귀족에게 그의 지위와 재산에 걸맞은 여인과 결혼할 것을 권유하고, 귀족은 소녀의 부탁대로 다른 여인을 아내로 맞는다. 그러나 결혼 후에도 귀족과 소녀의 지나치게 가까운 관계가 사람들의 입방아에 오른다. 결국 귀족의 아내가 출산중 사망하자 귀족의 어머니는 이 사랑스러운 소녀를 기꺼이 아들과 결혼시킨다. 조각가도 사랑의 여신도 이 이야기에는 나오지 않지만, 한 소녀를 아름다운 여인으로 키워내고 주인공은 점차 그녀에게 걷잡을 수 없는 사랑에 빠진다는 모티프는 두말할 것 없이 피그말리온 신화의 반복이다.

광 물 의   사 랑

—

석상이 생명을 얻고 성장하여 그를 '만든' 아버지이자 스승의 사랑을 얻는다는 주제만큼 18세기식 사랑을 보여주는 이야기도 없다. '만들다former'라는 동사의 두 가지 의미, 즉 '형상forme을 부여하다'와 '몸과 마음을 교육시킨다'는 의미가 이 신화에서 기묘하게 결합한다. 피그말리온은 아버지로서 생명을 만들고 스승으로서 지식을 가르친다. 물론 아버지이자 스승으로서의 피그말리온의 사랑은 그가 사랑하는 대상을 향한 절대적인 우상숭배와 그 대상에게 쏟는 전적인 헌신의 비유로 읽어야 하겠다. 내 간절하고 절실한 사랑은 내게 눈길도 주지 않고 내 말에 귀를 기울일 줄 모르는 한낱 돌덩이의 무관심에 부딪히고, 나는 돌아오지 않는 사랑에 절망한다. 그러나 결국 기적이 일어난다. 진실한 사랑은 돌덩이를 움직여 나를 돌아보게 하고 내 말을 듣게 한다. 광물의 세계에 영원히 갇혀 있을 줄 알았던 상대방이 내 삶에 들어온다. 이렇게 나누는 사랑 속에서 생명과 물질의 차이란 아무런 의미가 없다. 이 세상은 오직 두 사람만의 것이며, 그 두 사람은 그들의 아틀리에에서 영원히 행복할 것이다. 설령 이 모든 것이 물질과 생명의 구분을 잊고 돌의 세계로 들어가기를 열망하는 내 착각이라고 해도 말이다.

참고문헌

Henri Coulet (éd.), *Pygmalions des Lumières*, Paris, Desjonquères, 1998.
Aurélia Gaillard, *Le corps des statues*, Paris, Honoré Champion, 2003.
Victor I. Stoichita, *L'Effet Pygmalion*, Genève, Droz, 2008.

—
이충훈_ 한양대학교 프랑스학과 교수

파리 제4대학에서 「단순성과 구성: 루소와 디드로의 언어와 음악론 연구」로 문학박사학위를 받았다. 루소의 「인간불평등기원론」, 「정치경제론·사회계약론 초고」, 디드로의 「미의 기원과 본성」, 「백과사전」, 「듣고 말하는 사람들을 위한 농아에 대한 편지」, 「자연의 해석에 대한 단상」, 장 스타로뱅스키의 「장자크 루소: 투명성과 장애물」, 「자유의 발명 1700~1789 / 1789 이성의 상징」, 사드의 「규방철학」, 모페르튀의 「자연의 비너스」 등을 번역했고, 저서로 「자연의 위반에서 자연의 유희로」 등이 있다.

프랑스

신화화의

장면들

18세기 프랑스에서 회화는 장르에 따라 그 가치가 철저하게 구분되었다. 한 점의 그림은 양식적인 특징이나 조형적 미보다는, 지극히 프랑스적인 미술 제도인 '아카데미'에 의해 제시된 미적인 윤리에 따라 평가되었는데, 명문화된 회화 장르의 위계는 그 시작이 1667년으로 거슬러올라간다. 1667년 왕의 사료 편찬관이자 고전주의 비평가였던 앙드레 펠리비앙은 아카데미 강연을 통해 최상위의 우의화allégorie부터 최하위의 풍경화까지 9단계로 회화의 장르를 명문화했다.

흥미로운 사실은 펠리비앙의 1667년 강연에는 18세기 들어 눈에 띄게 증가한 신화화神話畵 장르가 등장하지 않는다는 점이다. 이는 신화를 소재로 한 그림은 종교화, 전투화와 함께 역사화의 카테고리에 속하는 세목에 넣어 분류했기 때문이다. 그렇다면 신화와 종교, 전투를 아우르는 그림을 '역사화'라는 큰 범주로 묶어 분류해온 만큼, 18세기 이후 각광받기 시작한 신화화를 하나의 독자적인 장르로 이해해야 하는가에 대한 의문이 생긴다. 우리는 어떤 그림을 신화화라고 일컫는가? 신화 속 장면을 소재로 한 그림? 혹은 절대왕정 시대에 관습적으로 이루어진 신화화化의 방식으로 그려진 그림? 장르, 소재, 방식 등 여러 가지 잣대에 따라 모호하게 정의될 수밖에 없는 신화화와 그 시대적 의의를 보다 제대로 살펴보기 위해서는, 신화화를 단순히 '신화적 장면scène mythologique'을 다룬 그림이 아닌, '신화적 서술récit mythologique'을 담은 그림으로 규정해야겠다.

1648년 설립된 왕립 회화·조각 아카데미는 1793년 폐지될 때까지, 프랑스 미술계를 좌지우지한 최고 권위의 기관이자, 미술 교육, 미술 전시, 공공 주문을 비롯한 미술행정 등 미술과 관계된 거의 모든 규범을 설정하고 실행하는 주체로서 절대적인 권력을 행사했다. 그러므로 아카데미 회원 자격을 얻은 화가들의 작품을 분석하는 것은 당시 프랑스 화단의 지배적인 경향성을 읽어내는 합리적인 방법이라 할 수 있다. 대부분의 화가들에게 아카데미의 종신회원이 된다는 것은 엄청난 영예이자 화가로서 경력의 정점을 찍을 수 있는 기회를 뜻했지만, 아카데미에 입성하기란 결코 쉽지 않았다. 자격 승인 작품morceau d'agrément 출품 심사라는 공식적인 입회 절차를 거쳐 아카데미 회원 자격에 대한 승인을 얻으면, 3년 내에 또 한 번 작품을 출품하여 종신회원 자격을 심사받게 되고, 이를 거쳐야 정식으로 아카데미 회원이 될 수 있었다. 이때 출품한 작품을 '종신회원 승인 작품morceau de réception'이라 하는데, 루이 15세가 성년이 된 1726년 이후 아카데미 '종신회원 승인 작품' 중 신화화가 등장하는 빈도가 부쩍 증가했다는 사실은 특기할 만하다.

아 카 데 미 종 신 회 원 승 인 작 품

—

1723년 오를레앙공 필립의 죽음으로 섭정이 끝나고, 1726년 성년이 된 루이 15세는 영리하고 온화한 성품 덕에 친애왕Le Bien-Aimé이라는 별칭을 얻으며 많은 이의 기대를 받았다. 결과론적으로 보면 왕이 될 재목에는 못 미치는 인물이었으나, 유능한 추기경 플뢰리 덕에 프랑스는 1740년대까지 전성기를 유지할 수 있었다. 귀족들의 호사스러운 취향과, 성장하기 시작한 부르주아 계층의 탄탄한 재력을 바탕으로 꽃핀 로코코 예술 역시 이 시기 프랑스 사회의 화려함을 방증한다. 당시 프랑스 화단에서 존재감을 발휘하던 일군의 화가들을 '1727년 경연 세

—
프랑수아 르무안(François Lemoyne), 〈헤라클레스와 옴팔레Hercule et Omphale〉, 184×149cm, 1724, 루브르박물관 소장.

자크 뒤몽 르 로맹(Jacques Dumont le Romain), 〈헤라클레스와 옴팔레Hercule et Omphale〉, 133.5×167cm, 1728, 투르미술관 소장.

대génération du concours, 1727'라 부르는데, 코이펠Coypel, 트루아Troy, 프랑수아 르무안 등은 역사화 장르를 섭정 시기의 취향에 맞게 갱신했다는 평가를 받는다. 바로 다음 세대인 부셰, 나투아Natoire, 반 루Van Loo 등 1700년경 태어난 화가들은 보다 적극적인 방식으로 현세의 행복을 주제로 삼아 새로운 사회문화적 이상을 투영한 역사화를 선보였다. 이들은 권위와 영광으로 가득 찬 기존의 신화화와는 달리, 즉각적으로 감각 가능한 행복의 순간을 포착하는 방식으로 신화적 서사를 캔버스에 펼쳐 보였다.

　　1728년 아카데미 종신회원 승인 작품인 자크 뒤몽 르 로맹의 〈헤라클레스와 옴팔레〉부터 1782년 장 바르댕Jean Bardin의 〈트로이 전쟁에 참전하기 위해 비너스의 품을 떠나는 마르스〉에 이르기까지, 열렬한 사랑을 나누는 다양한 신화 속 남녀를 담은 작품은 보수적인 아카데미에서도 공식적으로 인증을 받아 여러 화가에게 종신회원 자격을 부여해주었다. 부셰의 1734년 종신회원 승인 작품인 〈르노와 아르미드〉나 이듬해 종신회원이 된 장조셉 뒤몽Jean-Joseph Dumons의 〈천국에서의 아담과 이브〉에서 볼 수 있듯이, 이 시기 화가들은 그간 거의 유일한 신화 원전으로 여겨지던 오비디우스의 『변신 이야기』를 근간으로 한 그리스 로마 신화에서 벗어나, 보다 다양한 문학적 원천에서 사랑 이야기의 소재를 길어올렸다.

애 정 의　드 라 마 ,　권 력 관 계 의　전 복
—

르 로맹의 〈헤라클레스와 옴팔레〉를 살펴보자. 전통적인 애정

프랑수아 부셰, 〈르노와 아르미드
Renaud et Armide〉, 135.5×170.5cm,
1734, 루브르미술관 소장.

관계에서의 남녀의 역할을 전복적으로 담아냈다는 점에서, 해당 소재는 18세기 프랑스 사회에서 새롭게 대두된 관능의 정치학을 잘 투영했다. 앙드레 카르디날 데투슈의 1701년 작 오페라를 통해 대중적인 인기를 끈 이 이야기를 그린 작품 속에서, 헤라클레스는 육감적인 옴팔레의 매력에 빠져 기꺼이 자신의 사자 가죽과 몽둥이를 내어준다. 붉게 상기된 그의 얼굴은 그간의 역사화에 등장하던 영웅적인 남성상과는 전혀 다른, 수동적이고 의존적인 면모를 보여준다. 1725년 살롱전에서 큰 화제를 모은 르무안의 작품은 아카데미 종신회원 자격 심사 출품작은 아니지만, 역시 관능과 성애의 노예가 된 헤라클레스의 모습을 통해 기존의 권력 관계가 전복되는 양상을 직접적으로 환기한다.

부셰의 종신회원 승인 작품인 〈르노와 아르미드〉 역시 이러한 맥락에서 읽을 수 있는 전복적 사랑의 장면이다. 이탈리아 작가 토르콰토 타소의 작품을 18세기 프랑스적으로 변용한 부셰의 그림은 사랑스러운 아르미드의 매력에서 헤어나오지 못하는 르노가 그녀 앞에 무릎을 꿇는 순간에 집중한다. 십자군 전쟁을 배경으로 쓰인 타소의 방대한 서사시 『해방된 예루살렘』은 그리스도교와 이슬람교의 대립과 전쟁을 다루고 있으나, 독자들의 호기심을 자극한 것은 남녀 주인공의 애정의 드라마였다. 사랑의 감정을 이용해 적진에 속한 연인을 파멸시키려는 의지와, 연인을 향한 정념이 빚어낸 갈등의 드라마는 예술가들에게 꾸준히 영감을 제공했다. 필립 퀴노가 대본을 쓰고 장 바티스트 륄리가 1686년 작곡한 〈아르미드〉는 타소의 원작이 17세기 프랑스적으로 변용된 대표적인 서정 비극 양식 오페라다. 퀴노는 아르미드의 사랑에 초점을 맞추어 줄거리를 간략하게 줄이고, 비극적인 결말을 택했다. 그로부터 50년 뒤, 부셰는 적을 사랑하게 된 인물들로 인해 발생하는 전체적인 서사의 극적 긴장감보다 사랑의 노예가 된 남자 주인공의 감상적 면모를 강조하며 사랑이라는 감정의 신비로움을 표현한다.

사 랑 이 라 는 신 화
—

이처럼 18세기 내내 신화 속 사랑의 장면은 회화의 주요 소재로 등장했고 이와 동시에 실제의 연애 감정과 성애 행위 역시 '신화적으로' 묘사되기 시작했다. 프랑스 회화사에서 18세기의 시작을 알리는 작품으로 꼽히는 와토의 〈키테라섬으로의 출항〉을 필두로, '우아한 연회'를 뜻하는 '페트 갈랑트ᶠᵉᵗᵉ ᵍᵃˡᵃⁿᵗᵉ'는 프랑스 18세기 로코코 회화를 대표하는 장르로 자리잡는다. 페트 갈랑트는 전원이나 공원을 배경으로 우아한 복장을 한 청년 남녀들이 유희하는 장면을 주로 묘사했다. 이런 장면 묘사는 엄격하고 장중한 의식으로서의 사교 행위에서 벗어나 보다 가볍고 감각적인 관계 맺기를 추구하던 당대 사회 분위기를 잘 반영했다. 플로랑 당쿠르Florent Dancourt가 1700년 발표한 희곡 『세 명의 사촌 자매』 속 키테라섬은 비너스가 탄생한 섬이자 연인을 구하는 이들이 찾는 사랑의 성지로 등장한다. 실제로 당쿠르의 작품에서 큰 영감을 얻은 와토는(와토의 〈코미디 프랑세즈의 배우들〉은 〈세 명의 사촌 자매〉 출연 배우들을 그린 것으로 알려져 있다)사랑의 완성을 위한 일종의 순례 행위를 시적인 감수성으로 표현했다. 1712년에 아카데미 회원 자격을 취득한 와토는 〈키테라섬으로의 출항〉으로 1717년 아카데미 종신회원 자격을 취득하는데, 와토는 통상적으로 3년이 주어지는 관례적 규정을 넘겨가면서까지 같은 소재의 유사한 작품들을 훈련 삼아 제작했다. 이런 사실에서

장 앙투안 와토(Jean-Antoine Watteau), 〈키테라 섬으로의 출항Le Pèlerinage à l'île de Cythère〉,
129×166cm, 1717, 루브르박물관 소장.

해당 주제의 작품이 공식적으로 인정받는 것에 와토가 집착했음을 엿볼
수 있다.

　와토에게 연극적이고 감각적인 회화를 가르쳐준 스승 질로
Claude Gillot가 아카데미 종신회원 자격 심사를 위해 제작한 작품이 전형
적인 종교화(〈십자가에 못박히시기 직전의 그리스도〉, 1715)인데, 2년 후 와토
가 〈키테라섬으로의 출항〉을 출품하자 아카데미가 기존 회화 분류 체계
로는 해당 작품을 심사할 수 없다고 여기고 역사화와 초상화 사이에 '페
트 갈랑트'라는 카테고리를 새로 만들어 끼워넣어주었다는 점은 상당히
흥미롭다. 와토의 작품을 시작으로 페트 갈랑트는 하나의 독자적인 장
르로 제도적으로 자리잡았고, 점차 일상적 현실 속 사랑의 순간들은 우
아하고 연극적인 방식으로 극화되어 18세기 로코코 회화의 주요 재현
대상이 되었다.

찰 나 의　 사 랑 이　 신 화 가　 되 는　 순 간 ,
회 화 의　 존 재 　이 유
—

　사랑은 덧없이 사라지는 순간의 감정이지만 오래도록 우리에
게 여운과 잔상을 남긴다. 이성적 존재인 인간이 느끼는 사회적 감정의
메커니즘으로서 사랑은 종족 번식을 위한 동물의 교미나 쾌락을 위한
섹스와는 달라야 한다는 18세기의 계몽주의적 태도는, 강박적으로 사
랑의 완수를 위한 사회적 과정과 태도에 집착했다. 연애 장면과 성애 장
면을 포착해 생생한 감각을 화폭에 담은 회화 작품은 그 자체로 사랑의
완수에 대한 시각적 증거로 기능했다고 할 수 있는데, 찰나의 사랑이 신

조셉 브누아 쉬베(Joseph Benoit Suvée), 〈데생의 발명 L'invention du dessin〉, 267×131cm, 1791, 그로닝겐 미술관 소장.

장 바티스트 르뇨(Jean-Baptiste Regnault), 〈회화의 기원Origine de la Peinture〉, 120×140cm, 1786,
베르사유 궁전 미술관 소장.

화가 되는 순간을 기록해 영원으로 박제하는 일은 회화의 근본적인 존
재 이유에 대한 사유와도 맞닿아 있다.

　　투르니에Robert Le Vrac de Tournières는 〈램프 불빛에 비추어 연인의
초상을 그리는 디부타데스, 혹은 데생의 발명〉을 통해 1716년 아카데
미 종신회원 자격을 획득했다. 아카데미가 줄기차게 주장하던 선묘 예
술의 우월함에 대한 은유로 읽히기도 하는 이 작품은 대大플리니우스가
『박물지』에서 다룬 회화의 기원에 대해 이야기한다. 고대 그리스 코린트
섬에 살던 도공 부타데스의 딸은 머나먼 타국으로 떠나는 연인의 모습
을 간직하기 위해 등잔불에 비추어 생긴 그의 그림자를 벽에 따라 그려

놓았다. 연인의 외양뿐 아니라 본질을 포착하고 시각적으로 간직하려는 욕망, 순간을 영원으로 환원하려는 시도는 기록과 기억의 미디어로서 회화 예술의 존재 이유를 보여준다. 예술 덕분에 사랑하는 대상이 떠난 후에도 계속 그 대상을 붙잡아둘 수 있는 것이다. 투르니에부터 르뇨의 〈회화의 기원〉이나 쉬베의 〈데생의 발명〉에 이르기까지 사랑이라는 주제를 통해 회화 예술의 탄생을 환기시키는 이 이야기는 18세기 초부터 본격적으로 화가들의 관심을 끌었고, 신고전주의라는 새로운 조류에 밀려 로코코 회화의 유행이 사그라드는 18세기 후반까지도 애호받으며 끊임없이 변주되었다.

로 코 코   미 술 은   과 연
단 순 한   사 랑 의   찬 가 인 가
—

18세기 프랑스 로코코 미술은 흔히 성애적이고 감각적인 소재를 가볍고 경쾌한 터치로 담아낸 회화 장르로 정의된다. 그러나 17세기 절대주의 왕정의 권위에서 벗어나 개인적이고 현세적인 감각을 추구하며 실제에 대한 실증적 탐구를 해가던 18세기의 사회 문화적인 변화를 보다 촘촘하게 살펴보면, 오랫동안 서양미술사 서술에서 '귀족적' '여성적'이라고 하는 모호하고 추상적인 개념어로 형용되어온 로코코 회화속 사랑의 장면을 단순히 그림 소재나 작품의 분위기로 환원해서 이해하는 것은 적절치 않아 보인다. 결국 18세기 프랑스 사회의 가장 근본적인 변화는 순간적 감정의 가치를 인지하고 개개인의 존재를 발견한 데서 비롯한다. 영원불멸의 이상을 추구한 이전 시대의 정치적·사회적 정언명령에서 벗어나, 개인적인 감정을 직접적으로 표출하며 찰나의 총합으로서의 인생을 가늠하고자 했던 시대. 페트 갈랑트는 하나의 장르 혹은 양식의 문제라기보다는 사랑이라는 개별적 감정의 층위가 사회적인 현상으로 자리잡아 미술을 비롯한 18세기 프랑스 예술 제도권의 자장 안에 편입된 양상이라는 해석이 보다 적절할 것이다. 로코코 미술은 단순한 사랑의 찬가가 아닌, 사랑이라는 감정이 제도화되기 시작한 사회의 시각적 증언이다.

참고문헌

André Chaster, *Introduction à l'histoire de l'art français*, Paris, Flammarion, 2021.
Claude Mignot, *Temps moderns:XVe-XVIIIe siècle*, Flammarion, PUF, 2010.
Colin Bailey, *Les amours des dieux: La peinture mythologique de Watteau à David*, Paris, RMN,
   1991.
Victoria Charles, *Le Rococo*, Paris, Parkstone Press Ltd, 2010.

박재연_아주대학교 문화콘텐츠학과 조교수
파리1대학에서 프랑스령 알제리의 미술관 컬렉션 정책 연구로 박사학위를 받았다. 경계와 정체성 담론을 중심
으로 시각예술 전시 행위가 담고 있는 정치사회적인 맥락에 대한 다양한 연구를 진행하고 있다. 지은 책으로 『미
술, 엔진을 달다』가, 옮긴 책으로 『모두의 미술사』 『선을 넘지 마시오!』 『줄리의 그림자』 『여성과 여성시민의 권
리선언』 등이 있다.

사회

잉클과

야리코

이야기

모든 시대에는 그 시대를 초월하는 유명한 커플이 있다. 18세기 영국을 달군 커플을 하나 들라고 한다면, 나는 잉클과 야리코를 꼽겠다. 잉클과 야리코는 인종 간 사랑의 대명사로, 말하자면 18세기의 오셀로와 데스데모나다. 그러나 이들은 여러 면에서 셰익스피어의 연인과 매우 다르다. 셰익스피어는 데스데모나와 무어인 이야기를 친티오Cinthio (본명 조반니 바티스타 지랄디Giovanni Battista Giraldi, 1504~1573)의 「100개의 이야기Hecatommithi」에서 빌려와 번안하였으니, 오셀로와 데스데모나는 픽션이었다. 반면, 야리코는 17세기 역사에 기록된 실존인물이다. 셰익스피어의 오셀로는 '검은black' '무어인Moor' 장군으로, 그의 용맹함에 이끌린 백인 여성 데스데모나와 사랑에 빠져 결혼한다. 오셀로는 분명 유럽의 타자이지만 유럽 사회에 이미 많이 편입한 타자로, 그의 피부색이나

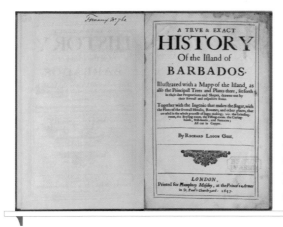

인종은 특정되지 않은 채 모호하게 처리된다. 반면 잉클과 야리코는 백
인 남성-원주민 여성 커플로, 잉클에게는 오셀로의 영웅성이 전혀 보이
지 않는다. '고결한 야만인noble savage' 야리코가 순정하게 사랑한 영국인
남성 잉클은 이윤에 눈이 먼 야만스러운 문명인으로, 애초에 이루어지
기 힘들었던 이들의 사랑은 잉클이 야리코를 바베이도스에서 노예로 팔
아넘기면서 끝난다.

사 랑 의 노 예

—

야리코Yarico라는 이름을 처음 언급한 텍스트는 리처드 라이곤
Richard Ligon의 『바베이도스섬에 관한 참되고 정확한 역사A True and Exact
History of the Island of Barbadoes』(1657, 이하 『바베이도스섬의 역사』)다. 영국내전

이후 몰락한 왕당파 라이곤은 그 당시 몰락한 많은 영국인들을 따라 신대륙으로 건너가서 새로운 삶을 시작해보고자 했다. 1647년, 이미 환갑이 지난 나이였다. 라이곤은 카리브제도에 있는 바베이도스에서 지인과 함께 설탕 농장에 투자하면서 사업가로 변신을 시도하나 사업은 실패했고, 2년 후 건강마저 악화되자 결국 영국으로 돌아갔다. 귀국 후 채권자들에게 쫓겨 감옥생활을 하던 중 책을 집필한 것으로 전해진다.『바베이도스섬의 역사』는 17세기 영국 식민지사에서 매우 중요한 자료로, 그때 당시 섬에 거주한 다양한 인종의 사람들뿐만 아니라, 노예제, 인종간 갈등, 사탕수수 농장의 구조, 설탕 제조법, 섬의 환경과 생태 등에 대한 자세한 묘사 덕분에 1657년 초판 이후 1673년에 재출간되었고 지금까지도 많이 읽힌다.

　　야리코는 라이곤이 거주한 농장에서 일하는 '인디언'(즉, 아메리카 대륙의 원주민) 여성 노예였다. 라이곤은 자유로운 몸이었던 야리코가 바베이도스의 노예로 전락한 사연을 다음과 같이 전한다. 아메리카 본토에서 태어난 야리코는 어느 날 그의 부족과 영국인들 간에 벌어진 싸움을 목격했다. 그가 사는 숲 근처에 영국 배가 정박한 후 영국인들이 물과 음식을 찾으러 육지로 올라오자 야리코의 부족이 영국인들을 덮친 것이었다. 이때 무리에서 떨어진 한 영국 남자를 발견한 야리코는 그를 보고 '한눈에 반했다'. 야리코는 그를 동굴에 숨기고 음식을 갖다주며 부족으로부터 보호했고, 나중에 영국 배로 안전하게 인도했다. 야리코가 어째서 그 배에 승선했는지에 대한 설명은 나오지 않는다. 어쨌든 야리코는 사랑하는 영국 남자와 함께 영국 배를 타고 바베이도스에 도착했고, 배은망덕한 영국 남자는 야리코를 노예로 팔아넘겼다. 라이곤은 이 이야기를 다음과 같이 마무리한다. "이렇게 해서 불쌍한 야리코는 사랑을 지키다 자유를 **빼앗겼다**And so poor Yarico for her love, lost her liberty."

　　　라이곤의 책에서 짧게 언급된 야리코의 이야기가 유명해진 계기는 1711년 리처드 스틸Richard Steele이 〈스펙테이터〉지에 낸 에세이였다. 〈스펙테이터〉는 앞뒤 두 페이지 분량의 짧은 에세이로 이루어진, 18세기 초 영국에서 선풍적인 인기를 끈 문예신문이었다. 1711년 3월 13일자 〈스펙테이터〉 11호에서 스틸은 라이곤이 서술한 야리코 이야기에 독자들의 감성을 자극하는 여러 요소를 상세하게 추가해서 한층 더 감각적이고 자극적인 이야기로 재구성했다. 라이곤의 책에서는 이름도 없던 영국 남성이 〈스펙테이터〉에서 토머스 잉클Inkle이라는 이름을 가진 스무 살 무역가로 재탄생한다. 잉클은 1647년 6월 16일 '아킬레스'라는 이름의 배를 타고 영국을 떠난다. 그는 서인도제도에 가서 큰돈을 버는 것이 인생의 유일한 목표인 모험가로, 숫자에 밝고 득실을 재빨리 따지는, 무엇보다 이윤을 사랑하는 사람으로 묘사된다. 그의 또다른 특징은 특별한 미모다. 그의 얼굴에는 밝은 화색이 돌고, 팔다리는 곧고 튼튼하며, 그의 어깨 위로 금발 곱슬머리가 물결치듯 가볍게 흩날린다. 서인도로 가던 도중, 육지를 탐사하는 동료들이 인디언들의 공격에 무참히 살해되자 잉클은 숲속으로 혼자 도주한다. 지치고 숨이 찬 잉클이 언덕에 몸을 뉘고 잠시 휴식을 취할 때 그의 눈앞에 나타난 야리코. 시선이 마주친 둘은 흠칫 놀란다. 그러나 놀람은 잠시, 그들은 서로의 모습에 곧 매혹된다. 잉클은 '벌거벗은' 야리코의 몸매, 얼굴, '야생미'에 빠져들고, 야리코는 '머리부터 발끝까지' 치장한 잉클의 옷, 피부색, 체형에 사로잡힌다.

　　　한눈에 잉클에게 반한 야리코는 그를 동굴에 숨기고 맛난 과일을 먹이며 맑은 물이 흐르는 시냇물로 인도해 목을 축이게 한다. 이들의 사랑 놀이에서 야리코의 적극성이 두드러진다. 야리코는 손가락으로 잉클의 머리카락을 가지고 놀기도 하고 그의 상의를 열어젖혀 보고는 가슴을 흠칫 여미는 잉클의 모습에 깔깔 웃는다. 매일 찾아올 때마다 새로운 조개껍질과 구슬로 치장한 야리코는 잉클을 위해 점무늬 있는 동물 가죽과 다채로운 색깔의 깃털을 가지고 와 동굴을 아늑하게 꾸며준다. 해 질 무렵 또는 달빛 밝은 밤, 야리코는 잉클을 숲속 비밀스러운 안식처로 데려가 폭포수가 떨어지고 나이팅게일이 노래하는 곳에서 그를 안아준다. 애인이 된 잉클과 야리코는 둘만의 사랑의 언어를 만들어 소통하는데, 잉클은 야리코에게 그녀를 고국에 데려가 실크 옷을 입히고 마차에 태워주겠노라고 약속한다. 여러 달 동안 잉클과 애틋한 사랑을 나눈 야리코는 어느 날 밤바다 위에 떠 있는 배를 발견하고 잉클이 가르쳐준 대로 신호를 보낸다. 그리고 잉클과 함께 바베이도스로 향하는 그 영국 항선에 기꺼이 오른다. 바베이도스에 배가 가까워지자 잉클은 고민에 빠진다. 수개월 동안 야리코와 지내면서 자신이 버린 시간이 얼마며, 벌지 못한 돈은 또 얼마인가. 섬에 도착해서 지인들에게 야리코와의 관계를 어떻게 설명할 것인가. 배가 바베이도스의 항구에 도착하자마자 잉클은 노예를 사고파는 커다란 시장에서 야리코를 노예로 팔아넘긴다. 야리코는 잉클의 아이를 가졌노라고 애원하지만 잉클은 야리코가 임신했다는 이유로 몸값을 올릴 뿐이다.

　　스틸이 라이곤의 책을 꼼꼼하게 읽었다는 증거는 여럿 있다. 액자 구조로 이루어진 스틸의 에세이에서 잉클과 야리코 이야기를 들려주는 여성 서술자가 '라이곤의 바베이도스 이야기'를 직접 언급하기도 하거니와, 잉클이 영국에서 승선한 날짜 1647년 6월 16일은 라이곤이 『바베이도스섬의 역사』에서 배를 타고 영국을 떠난 날짜와 정확하게 일치

존 엘핀스톤(John Elphinstone), 〈스틸의 잉클과 야리코 이야기 삽화Illustration to 'The Story of Inkle and
Yarico' by Sir Richard Steele〉, 16.60×22.60cm, 연도 미정, 스코틀랜드 국립미술관 소장.
서인도로 향하던 배가 난파되어 잉클이 육지로 간신히 올라간다. 폭풍이 몰아치는 와중에도 주인의 머리
에 신기하게 잘 붙어 있는 잉클의 모자가 인상적이다.

존 엘핀스톤(John Elphinstone), 〈동인도 장면East Indian Scene〉, 16.10×21.30cm, 연도 미상.
도판의 중심부에 당당하게 서 있는 야리코와 달리, 영국인들과 원주민들이 싸우는 풍경을 뒤로하
고 반쯤 누워 있는 잉클의 요염한 자태가 엉뚱하다. 스코틀랜드 국립미술관 소장. (David Laing
Bequest to the Royal Scottish Academy on loan 1974, RSA 761B)

Un Anglais de la Barbade, vend fa Maitreſſe

장미셸 모로(Jean-Michel Moreau), 〈애인을 팔아넘기는 바베이도스의 영국인Un Anglais de la Barbade, vend sa Maitresse〉, 18.2x11.7cm, 1780. 존 카터 브라운 도서관 제공.

기욤-토마 레이날(Abbé Guillaume-Thomas Raynal)의 〈두 인도의 유럽인 정착지와 상업에 관한 철학적이고 정치적인 역사Histoire philosophique et politique des établissements et du commerce des Européens dans les deux Indes〉 1780년 제네바 판본 수록 삽화. 잉클과 야리코 이야기가 재생산된 예다.

한다. 라이곤에 의하면 야리코는 노예가 된 이후 백인 하인의 아이를 가졌는데, 스틸은 이 부분을 야리코가 잉클의 아이를 임신한 것으로 다시 설정해 잉클의 잔인함을 강조한다. 스틸이 라이곤과 잉클이 겹치도록 한 이유는 라이곤을 패러디하기 위함이다. 『바베이도스섬의 역사』에서 라이곤이 '불쌍한' 야리코에게 보내는 시선은 자못 에로틱하다. 그는 야리코의 몸매와 '붉은빛이 감도는 밤색' 피부색이 '탁월'했다고 말하면서 그녀의 작은 가슴과 자줏빛 유두를 언급한 후, 그녀가 한사코 옷 입기를 거부했다고 변명하듯이 부연한다. 라이곤의 텍스트에서 백인 남성의 시선에 노출되고 욕망의 대상이 되는 야리코가 〈스펙테이터〉에서 백인 남성인 잉클을 오히려 대상화하고 즐기는 모습은 스틸이 라이곤의 젠더화된 시선에 대한 비틀기를 시도하고 있음을 보여준다. 스틸은 야리코의 이야기를 아리에타라는 가상의 여성 인물이 서술하게끔 하여 여성의 시각에서 야리코의 이야기를 재구성한다. 야리코를 중심으로 초점화가 이루어지면서 욕망의 주체는 야리코가 담당하게 된다. 스틸이 독자로 하여금 야리코의 눈으로 잉클을 바라보도록 유도하고, 잉클의 금발 머리를 손가락으로 가지고 노는 야리코의 즐거운 사랑 놀이에 잠시 동참하도록 하는 이유는, 야리코의 순정하고 순진한 사랑을 상상해본 독자가 잉클의 비인간적인 잔인함에 더욱 치를 떨게 만들기 위함이다. 아리에타는 라이곤을 '정직한 여행자honest traveller'로 호명하지만 이는 아이러니한 제스처다. 스틸의 에세이가 정조준하는 것이 라이곤의 텍스트에 드리운 식민주의의 위선과 폭력성, 제국의 남성성 그 자체이기 때문이다.

인종 간 사랑, 해피엔딩이 가능할까?

—

잉클과 야리코의 이야기가 18세기에만 적어도 10개 언어로 번역되고 60회 이상 번안되어 어마어마한 인기를 누린 이유는 무엇일까? 스틸의 유머러스하면서도 날카로운 풍자의 힘도 있었겠지만, 라이곤의 간결한 서사에 성공의 재료가 이미 많이 담겨 있었다. 라이곤이 전하는 이야기는 지극히 단순한 이항대립 구조로 짜인 서사로, 선과 악, 여성과 남성, 원주민과 문명인, 레비스트로스식으로 말하자면 '날것과 익힌 것'을 극적으로 대립시킨다. 작가들은 이 이야기에 내포된 전복적인 힘을 단숨에 알아보았다. 동화 같기도 하고 우화 같기도 한 잉클과 야리코의 이야기는 남성이 여자를 유혹한 후 매몰차게 버리는 유혹서사로 읽히기도 하고, 인간의 죄악과 타락에 대한 종교서사로도 읽혔으며, 동시에 신세계에서 벌어지고 있는 야만적 식민주의에 대한 고발로도 해석되었다.

　　스틸의 에세이 이후 발표된 수많은 버전의 '잉클과 야리코' 중에서 대중적으로 가장 성공한 작품은 조지 콜먼George Colman the Younger의 코믹 오페라comic opera였다. 새뮤얼 아널드Samuel Arnold가 작곡을 맡은 〈잉클과 야리코〉는 18세기 후반의 코믹 오페라 중에서 가장 큰 인기를 누렸다. 1787년 8월 4일 처음 무대에 오른 후 1800년까지 무려 164회 공연되었다고 하니 작품의 인기를 가히 짐작할 수 있다. 콜먼의 오페라가 이토록 성공할 수 있었던 비결은 한편으로는 음악이 좋았기 때문이고(아널드는 청중에게 친숙한 영국 민요 가락을 많이 활용했다), 반노예제 운동이 힘을 얻고 있던 당시의 정치적 상황 또한 중요한 이유였다. 콜먼은 스틸의 서사에 담긴 기본 구조는 그대로 유지하면서 코믹한 요소로 잉클과 야리코가 하인을 갖게 했고, 하인들 역시 사랑에 빠지는 설정을 더

조지 콜먼(George Colman the Younger), 〈잉클과 야리코Inkle and Yarico〉, 1787. 라이스 디지털 스콜라십 아카이브.

콜먼의 오페라를 위한 1806년 삽화. 16.5×
10.5cm. 예일대학 루이스 월폴 도서관 소장.
롱맨 출판사에서 1808년에 발행한 『영국 극
장The British Theatre: Or, a collection of plays,
which are acted at the Theatres Royal』 전집에
수록되었다. 콜먼의 오페라에서 잉클은 동굴
에 잠든 야리코를 훔쳐본다. 스틸이 야리코에
게 부여한 활동성과 능동성을 잠재우고 잉클
의 관음증적 시선을 부각하는 장면이다.

했다. 바베이도스의 영국 총독의 딸과 결혼을 앞둔 잉클은 섬에 도착하고 나면 야리코를 노예로 팔아넘기겠다고 결심하지만, 야리코의 하녀 와우스키Wowski와 진정으로 사랑에 빠진 그의 하인 트러지Trudge는 자신의 애인을 끝까지 지킨다. 즉, 콜먼은 잉클과 야리코의 하층민 버전인 트러지와 와우스키의 사랑을 통해 대안을 먼저 제시한 다음, 잉클을 회개하도록 함으로써 해피엔딩을 선사한 것이다. 잉클과 야리코뿐만 아니라 트러지와 와우스키, 그리고 총독의 딸 나르시사와 그가 배에서 만나 사랑하게 된 가난한 캡틴 캠플리, 세 커플이 결혼식을 올리고 종소리가 울려 퍼지면서 오페라의 막이 내린다.

콜먼의 오페라는 인종과 계급의 차이를 무릅쓴 이 세 쌍의 젊은 남녀로부터 코미디 장르에 걸맞는 희망의 서사를 뽑아내고 있지만, 인종과 계급의 차이가 진정으로 극복된다고 말하기는 어렵다. 냉정하게 말하자면, 이 작품이 성공한 비결은 오히려 노예제라는 '원죄'와 적당한 정서적 거리 두기를 하여 영국 관중의 '죄의식'을 씻겨줬기 때문일 수도 있다. 잉클을 잘못 교육시켜 비뚤어진 가치관을 갖게 만든 '나쁜 아버지'를 대체하는 '좋은 아버지'로 제시되는 바베이도스의 영국 총독을 통해, 영국의 제국주의와 식민주의는 선한 가부장주의로 각색된다. 영국 제국에 대한 스틸의 신랄한 풍자는 완전히 잊히는 분위기다.

라이곤의 인종주의를 연상시키는 콜먼의 인종 묘사 역시 다분히 문제적이다. 라이곤은 바베이도스의 인종을 유럽 백인, 아프리카 흑인, 아메리카 '인디언'으로 구분하면서, '밤색' 또는 '붉은 밤색' 피부를 가진 인디언들을 외모에 있어서나 기질과 문화에 있어서나 흑인과 현격히 다른 사람으로 묘사했다. 그에 의하면, 흑인에 비해 훨씬 똑똑하고 재주가 많고 부지런한 인디언들은 유럽인과 훨씬 닮은 신체를 가지고 있었고 사냥이나 낚시, 집안일을 무척 잘했다. 흑인보다 인디언에게 훨씬 호의적인 이러한 묘사에서 라이곤의 인종주의를 확인할 수 있다. 콜먼의 야리코와 와우스키는 둘 다 아메리카 여성이지만, 야리코보다 훨씬 검은 피부를 가진, 엉뚱하게도 폴란드식 이름을 부여받은 와우스키는 가히 다른 인종이라고 할 정도로 다르게 그려진다. 어쩐 일인지 처음부터 아름다운 영어를 구사하는 야리코와 달리 와우스키는 바보스러운 엉터리 영어를 하여 관객을 웃기며, 미국의 블랙페이스blackface 연극에 등장하는 흑인 캐릭터처럼 과장된 '흑인성'을 연기한다.

이러한 문제에도 불구하고 콜먼의 오페라는 노예제에 대한 비판적 여론을 확산시키는 데 일조했다. 〈잉클과 야리코〉가 무대에 오른 1787년은 노예무역 폐지를 위한 협회가 설립된 해로, 협회를 이끈 윌리엄 윌버포스William Wilberforce는 의회를 설득해 1807년 아프리카에서의 노예무역을 폐지시키는 데 성공했다. 이어 1833년 영국제국에서 노예제가 폐지되기에 이르렀다.

신 화 와 현 실 사 이
—

야리코를 처음 접하는 현대 독자는 디즈니사가 무척 왜곡된 형태로 전수한 포카혼타스 이야기를 떠올릴 수도 있겠다. 포카혼타스 역시 실존 인물로, 16세기 말 북미 원주민 추장의 딸로 태어나 '인디언'과 영국 토착민들의 계속된 전쟁중 포로로 잡힌 후 개종하고 영국인과 결혼했다고 한다. 이어 1617년에 남편과 영국으로 건너가서 제임스왕을 접견하고 유명세를 탔으나 버지니아로 귀국하는 길에 일찍 사망하였

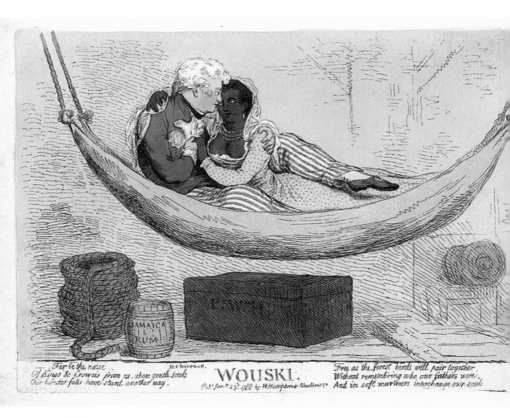

제임스 길레이(James Gillray), 〈와우스키Wouski〉, 19.7×27.3cm, 1788, 영국박물관 소장.

조지 3세의 셋째 아들 윌리엄 헨리가 해먹에 누워 검은 피부를 가진 애인을 다정하게 안고 있다. 1787년. 윌리엄 헨리가 서인도제도에서 2년을 보내고 영국으로 돌아왔을 때 그가 식민지에서 방탕한 생활을 즐기고 '유색인 애인'을 데리고 왔다는 소문이 자자했다. 길레이는 이 애인을 와우스키로 묘사함으로써 흑인 노예제에 대한 윌리엄 헨리의 태도를 비꼰다. 인종 간 사랑을 즐겼는지 모르겠지만, 윌리엄 헨리는 노예제 폐지에 앞장서 반대했다.

다. 우리가 아는 포카혼타스의 연애 이야기는 그가 영국인의 포로가 되기 전, 존 스미스라는 이름의 선장과 가졌던 관계를 창작에 가깝게 각색한 결과다. 디즈니 영화에서 포카혼타스는 존 스미스를 떠나보낸 후 자신의 정체성을 지키고자 사랑을 뿌리치고 아메리카에 남지만, 진짜 포카혼타스는 어떤 이유에서인지 영국 토착민 사회에 편입해 존 롤프라는 남자와 결혼하고 아이도 낳았다. 포카혼타스와 야리코가 자신의 자전적 이야기를 직접 남길 수 있었더라면 어떤 이야기를 전했을까.

참고문헌

Addison, Joseph, and Richard Steele. *The Spectator*. Ed. Donald F. Bond. 5 vols. Oxford: Clarendon Press, 1965.

Felsenstein, Frank, ed. *English Trader, Indian Maid: Representing Gender, Race, and Slavery in the New World. An Inkle and Yarico Reader*. Baltimore: Johns Hopkins University Press, 1999.

Sandiford, Keith A. "Inkle and Yarico: The Construction of Alterity from History to Literature." *New West Indian Guide* 64 (1990): 115–125.

민은경_서울대학교 영어영문학과 교수

프린스턴대학 비교문학 박사. 18세기 문학, 철학, 미학에 폭넓은 관심을 두고 연구를 하고 있다. 주요 저서로 *China and the Writing of English Literary Modernity, 1690–1770* (Cambridge UP, 2018)이 있고, 주요 논문으로 「아담 스미스와 감사의 빚Adam Smith and the Debt of Gratitude」「타인과 고통과 공감의 원리」「홉스, 여성, 계약: 사회계약론에 여성이 있는가?」「마가렛 캐빈디쉬와 아프라 벤의 로맨스에 나타난 계약과 의무 Fictions of Obligation: Contract and Romance in Margaret Cavendish and Aphra Behn」 등이 있다.

혼혈 여성과

결혼

자연은 왜 사람을 만들어 낸다는 숭고한 일과,

남녀 간 사랑의 뚜렷한 증명을 육체의 기능에다 결부시킨 것일까.

열등한 인간의 기능에다 다소나마 품위를 주기 위해서 그렇게 한

것일까.

인간의 정신이 오만해지는 것을 억제하기 위해 그렇게 한 것일까.

−앙리 프레데릭 아미엘

허 구 와 역 사 사 이

—

2020년 말 방영을 시작한 드라마 시리즈 〈브리저튼〉은 방영되

자마자 넷플릭스 전 세계 시청률 1위를 기록했다. 19세기 초반 섭정기 영국을 배경으로 브리저튼 가문의 장녀 다프네의 계약 연애를 다룬 이 시리즈에는 샬럿 왕비와 헤이스팅스 공작을 비롯한 다수의 귀족이 흑인으로 등장한다. 비슷한 시기, 해리 왕자와 마클 왕세자비는 오프라 윈프리와의 인터뷰에서 영국 왕실에 인종차별의 혐의를 제기하며 대서양 양안에 무수한 루머를 만들어냈다. 서로 다른 인종을 아우르는 왕실이 그려지는 한편으로 피부색에 따른 차별을 지적하는 목소리가 높아지는 모습은, 사랑과 결혼이라는 개인적 결정이 여전히 인종이라는 문제와 얽혀 있음을 보여준다는 면에서 과거의 그림자를 떠올리게 한다.

〈브리저튼〉의 제작자 밴 듀슨은 〈뉴욕 타임스〉와의 인터뷰에서 흑인 왕족이라는 설정은 조지 3세의 부인 샬럿 왕비가 아프리카 혈통일지도 모른다는 추측에서 영감을 얻었다고 밝혔다. 신성로마제국의 공작가에서 태어나 조지 3세와 부부의 연을 맺은 샬럿여왕은 아폰수 3세로부터 이어진 보르고냐 왕조의 먼 후손이기도 했다. 아폰수 3세는 이슬람 세력이 점령하고 있던 포르투갈 남단을 되찾아오면서 마드라가나라는 이름의 첩실을 들였는데, 이 여성이 무어인이거나 흑인이고 샬럿 왕비가 그 후손이라는 추정이 제기되어왔다. 빅토리아 왕실의 정치적 조언자이자 의사였던 스토크마르 남작은 그의 회고록에서 1816년에 접견한 샬럿여왕을 "진정한 혼혈인의 얼굴을 한, 작고 구부정한" 모습으로 기록했다. 외모의 특징을 강렬히 묘사하기 위해서였을지 모르는 짧은 구절이 왕실 계보에 대한 추정까지 만들어낸 데에는 후대의 풍부한 상상력과 더불어 섭정기 영국에서 흑인의 지위가 사회적 논쟁을 불러일으켰다는 역사적 사실이 영향을 끼쳤을 수 있다.

이러한 일화들은 18세기 영국에서 인종과 피부색을 넘어서는

앨런 램지(Allan Ramsay), 〈샬롯 메클렌부르크-슈트렐리츠의 초상화Charlotte Sophia of Mecklenburg-Strelitz〉, 1762, 국립초상화미술관 소장.
조지 3세와 혼인한 다음 해인 1762년에 그렸다. 어두운 피부색과 이목구비가 혼혈이라는 의구심을 불러일으키는 데 영향을 끼쳤다.

사랑이 과연 가능했을지 의문을 불러일으킨다. 영국 본토에서 혹은 식민지에서 백인과 다른 인종의 결혼은 가능했을까? 가능했다면 어떤 방식으로 이루어졌을까? 이들 사이에서 태어난 혼혈아들은 어떤 삶을 살아가고 어떤 기록을 남겼을까? 18세기 후반의 런던은 국제적 대도시였고 본토와 해외 식민지를 오가던 선박들은 물자의 흐름뿐 아니라 인종 간 교류도 가능하게 만들었다. 올라우다 에퀴아노Olaudah Equiano 처럼 상선에서 노예로 일하며 돈을 모아 자유민 신분을 사들인 경우도 있었고, 영국 본토에서는 노예 신분을 벗어나 자유를 누릴 수도 있었다. 도망 노

예 서머셋Somerset의 신분을 두고 벌어진 재판에서 자유를 인정해야 한
다는 맨스필드 경의 판결이 내려진 이후 런던에 정착한 흑인의 숫자 또
한 늘었다. 그러나 인종 간 교류에는 대도시에서 자유를 누렸던 소수의
흑인들보다는 미국 독립전쟁 이후에도 유지되었던 서인도제도의 노예
노동과 플랜테이션이 큰 영향을 끼쳤다. 이 글에서는 당대의 역사적 기
록과 이름을 남긴 몇몇 인물을 통해 영국 사회가 흑인이나 혼혈 여성에
게 보냈던 시선을 추적하고, 소설 속 등장 인물의 삶을 통해 결혼에 대
한 관점의 변화를 살펴본다.

서 인 도 제 도 의   플 랜 테 이 션
—

북미와 남미 대륙 사이에 흩어져 있는 크고 작은 섬을 통칭하는
'서인도제도West Indies'라는 명칭은 단일하지는 않더라도 느슨한 유사성
을 공유하는 지역을 떠올리게 한다. 그러나 스페인, 영국, 프랑스 등 유
럽 각국 사이에 벌어진 식민지 쟁탈전은 언어적, 문화적 복잡성을 부추
겼고 이는 인종적 다양성으로도 이어졌다. 사탕수수 재배를 하려면 막
대한 노동력이 필요했기에 노예 수입이 1830년대 초반까지 이어졌다
는 점도 상기할 필요가 있다. 칠년전쟁의 결과로 프랑스로부터 양도받
은 점령지의 토지를 분할, 관리하는 직책을 맡았던 윌리엄 영은 1764년
'서인도제도의 새로운 식민지의 자연, 중요성, 정착지에 대한 바른 생각
을 전달하는 데 기여하기 위한 논평'이라는 제목의 팸플릿을 출판했다.
이 글에서 영은 "나무를 치우고 거처를 세우는 비용과 노동에 더해 열거
할 수 있는 일련의 어려움들"을 제시하며 "노예의 도움 없이는" 플랜테

이션 운영이 어렵다고 밝혔다. 그가 총독으로 부임한 이후에 제작되었을 것으로 추정되는 가족 초상화에는 흑인 소년이 등장하는데, 서인도 제도의 총독이라는 그의 직책을 생각해보면 흑인 소년은 노예 출신이 아닐까 짐작된다. 소년의 존재는 그림에 묻어나는 부유함의 원천이 플랜테이션에 있음을 간접적으로 드러냄으로써 초상화를 그린 목적이 새로이 획득한 식민지로의 이주를 장려하기 위함임을 추정케 한다.

초상화 중앙에 위치한 부부와 그 주변을 둘러싼 아이들, 가장자리에서 배경으로 역할하는 흑인 소년의 위치는 가정의 화목을 강조하는 동시에 위계질서를 분명히 한다. 그러나 화폭에서 분명히 드러나는 인종 간 거리는 실제 현실이기보다는 미래 농장주들에게 전시하려는 이상적 모습에 가까웠다. 자메이카 지역의 주요 직책을 두루 거친 행정관이자 대농장주이기도 했던 에드워드 롱의 글을 좋은 근거로 들 수 있다. 롱은 노예제도를 강력하게 지지하면서도 노예를 멀리해야 할 필요가 있음을 반복적으로 권고했다. 도망 노예 서머셋에 대한 맨스필드 경의 판결이 있었던 1772년에 출판된 팸플릿에서는 다른 인종과의 관계를 "유독하고도 위험한 병폐"로 규정했다. 이러한 관계를 용인하고 그 사이에서 태어난 혼혈아들이 식민지 밖으로 빠져나가게 내버려두면 몇 세대 안으로 "영국인의 핏줄이 혼합으로 인해 너무나도 오염되고 말 것"이라는 롱의 확언은 플랜테이션에서 공공연히 이루어지던 성적 방종에 대한 경고로 읽을 수 있다. 1774년에 펴낸 『자메이카의 역사』에서는 플랜테이션의 아가씨들을 "무지하고 점잖지 못한" 흑인 하녀들에게 맡겨두니 이들이 "투덜대고, 무기력하며, 유치해지게" 되었다고 비판하기도 했다. 노예를 필요로 하면서도 분리를 주장하는 이러한 역설은, 서인도 제도 일대의 식민지에서 마주하게 되는 일상이 문화 간, 인종 간 혼합을

요한 조퍼니(Johan Zoffany), 〈윌리엄 영 경의 가족The Family of Sir William Young〉, 1767, 워커 아트 센터 부속 미술관 소장.

악기를 연주하는 부부의 선율에 맞춰 노래를 부르는 아이들의 모습이 가족의 '하모니'를 드러낸다.

부추겼음을 간접적으로 보여준다.

　　18세기 후반의 서인도제도 사회는 완벽히 계층화하여 생각하기 어려운 유동적인 삶의 모습을 품고 있었다. 식민지를 놓고 벌어진 쟁탈전은 19세기 후반까지도 지속되었고 점령국이 수시로 바뀌면서 문화적, 인종적 복잡성은 커질 수밖에 없었다. 흑인 노예가 주인에게 일정한 대가를 치르면 자유민 신분을 살 수 있었다는 사실도 이러한 복잡성에 영향을 끼쳤다. 자유를 획득하거나 생계를 꾸리기 위해 상거래에 종사하는 노예들이 등장했고, 에퀴아노처럼 적잖이 성공해 자유민의 신분이 된 경우도 있었다. 1766년 프랑스령 식민지에서 백인과 유색 인종이 같은 복장을 할 수 없도록 막는 복장법이 제정된 후 영국령으로 이주한 자유민 여성의 수가 적지 않았다는 기록은 이들이 경제적으로 궁핍하지 않았고 나름대로 사치를 즐길 수 있었음을 알려준다.

　　그러나 에퀴아노처럼 자유를 누리며 후대에 이름을 남긴 흑인의 숫자는 서인도제도에서 거래되던 노예 비율로 볼 때 지극히 일부에 불과했다. 아프리카에서 식민지로 팔려나간 노예의 숫자는 기록상으로만 삼백만 이상으로 추정되며, 기록에 남지 않은 숫자 또한 적지 않다. 서인도제도의 경우 노예제도가 공식적으로 인정되었기에, 주인에게 대가를 지불하고 자유민 신분을 획득한 이후에도 이를 법적으로 인정받지 못하거나 납치되어 팔려가는 경우도 있었다. 〈잉클과 야리코〉에는 도박 빚에 쫓기던 잉클이 부부로 지내던 야리코를 노예상에게 넘기는 장면이 등장하는데, 이들의 지위가 그만큼 불안정했기에 가능한 설정이었다. 좌초될 위험에 처하자 선박의 무게를 던다는 이유로 노예 130명을 수장한 종호號 학살Zong Massacre이나 무고한 노예 소녀를 매질해서 죽인 킴버 선장의 사례 등은 노예제 폐지론자들에 의해 널리 보도

아이작 크룩섕크(Isaac Cruikshank), 〈노예 무역의 폐지The Abolition of the Slave Trade〉, 1792, 미국의회도서관 소장.

'노예 무역의 폐지'라는 제목 아래에는 "혹은 15살 흑인 소녀의 처녀다운 태도를 다루는 킴버 선장의 모습에서 예시되는 인간의 몸을 거래하는 이들의 잔혹함"(Or the inhumanity of dealers in human flesh exemplified in Captn. Kimber's treatment of a young Negro girl of 15 for her virjen modesty)이라고 적혀 있다. 이 소녀는 벌거벗은 채 춤추기를 거부했다는 이유로 죽을 때까지 채찍질을 당했다.

되었고 공분을 불러일으켰으나, 서인도제도 내에서 흑인에 대한 처우가 달라지는 데에는 오랜 시간이 걸렸다.

　18세기 후반 도미니카 일대에서 활동했던 아고스티노 브루니아스가 그린 그림들은 서인도제도 특유의 이중성을 잘 드러내는 예로 꼽을 수 있다. 윌리엄 영의 총독 부임 당시 그를 수행하여 함께 이주했던 인물이기에, 브루니아스의 그림은 새로운 식민지 개척을 홍보하려는 목표로 제작되었을 가능성이 높다. 비슷한 시기에 활동한 다른 화가들에 비해 명성이 높지 않았음에도 왕립 미술 아카데미에서 전시회가 열렸다는 사실 또한 같은 맥락으로 해석할 수 있다. 브루니아스의 화폭에 그려진 서인도제도의 일상은 플랜테이션의 농장주가 누리게 될 삶을 매력적인 것으로 비추는 동시에 노예제의 현실을 가린다는 점에서 지극히 모순적이다. 스페인령 식민지에서 주로 그려졌던 카스타Casta의 경우, "혈통"이라는 어원에 걸맞게 서로 다른 인종 간의 결합과, 그 결과로 태어난 혼혈아들을 정확히 식별해 구분하는 역할을 했다. 부모와 아이를 중앙에 두고 피부색과 옷차림을 세밀하게 묘사하면서 "에스파뇰espanol, 물라토mulatto, 메스티조mestizo, 치노chino, 모리스코morisco" 등의 제목을 붙여 인종을 표기하거나 "쿼드룬quadroon, 옥토룬octoroon" 등의 지시어를 통해 혼혈 정도를 명기하여 이를 위계의 잣대로 삼는 것이 통상적으로 취하는 방식이었다. 브루니아스 또한 여러 인종과 혼혈에 따른 피부색의 차이를 즐겨 그렸으나, 명확한 위계가 드러나지 않는다는 점에서 차이를 보인다.

　1780년경 그렸을 것으로 추정되는 린넨 시장의 그림은 백인부터 혼혈 여성, 흑인 노예까지 한 폭에 모두 담아낸다는 점에서 주목할 만하다. 등장하는 인물 중 값비싼 장신구를 모두 갖춘 사람은 양산을 든

작자 미상, 〈카스타Casta〉, 18세기로 추정, 멕시코 비레이나토 국립박물관 소장.

총 열여섯 가족이 인종에 따른 조합으로 나뉘어져 있다. 첫 줄의 네 가족을 예로 들어보면 "메스티조 (Mestizo)"는 인디언과 유럽인 혼혈, "카스티조(Castizo)"는 스페인 3/4과 인디언 1/4 혼혈, "에스파뇰 (Espanol)"은 스페인 가족, "물라토(mulato)"는 흑인과 유럽인 혼혈을 지시한다.

흑인 하녀와 백인 남성을 대동한 오른편의 여성, 등을 돌리고 있는 남자와 대화중인 왼편의 여성 두 사람인데, 피부색과 머리 모양에 드러난 미묘한 차이는 왼편의 여성을 백인이 아닌 혼혈로 보이게 만든다. 중앙에 위치한 린넨 상인은 흑인이거나 혼혈로 짐작되는데, 양산을 든 하녀가 뒤편에서 시중을 든다는 점에서 재력을 갖춘 자유민 신분임을 짐작하게 한다. 그림 오른쪽 하단에는 헐벗은 옷차림과 짙은 피부색으로 보아 노예로 짐작되는 이들이 청과물을 두고 이야기를 나누고 있다. 이 그림에서 복색이나 피부색을 통해 노예임을 알 수 있는 이들은 그림 하단에 쭈그려 앉은 모습으로 등장하며, 오른편과 왼편에 선 두 여성, 중앙의 린넨 상인과 간접적으로 대조를 이룬다. 청과물 거래는 노예 신분에서 벗어날 돈을 모으기 위한 수단으로 에퀴아노의 자서전에서 여러 차례 언급된 바 있다. 브루니아스가 제시한 린넨 시장의 풍경은 백인과 자유민, 노예 사이의 위계의 존재를 드러내는 동시에 이러한 구분이 순간적으로나마 무력해지는 경제 활동의 장을 보여준다.

여성 인물을 중심으로 백인과 혼혈, 노예가 함께하는 일상의 장면들을 담아낸 브루니아스의 화풍은 서로 다른 인종이 섞여 살아갈 수밖에 없었던 서인도제도의 현실을 있는 그대로 재현하려는 시도로 해석할 수 있다. 다른 한편, 이국적인 풍광과 화려한 옷차림에 중점을 두었다는 점에서 그의 그림은 폭력적 수단을 통해 유지되던 노예제의 현실을 가리는 체제 선전의 성격을 띤다. 브루니아스가 재현한 것과 같은 차림새를 하고 자유를 누리던 흑인 여성은 지극히 드물었고, 잠을 잘 거처나 끼니조차 제대로 제공받지 못한 채 극한의 노동에 시달리는 노예들이 적지 않았기 때문이다. 흑인 여성들에게 서인도제도의 삶은 모순 그 자체였다. 이들은 자의건 타의건 상관없이 가정의 경계 밖에 위치하는

아고스티노 브루니아스(Agostino Brunias), 〈도미니카의 린넨 시장Linen Market, Dominica〉, 1780년경, 예일영국예술센터 소장.
린넨 시장에 모인 이들이 물건을 거래하는 모습을 담았다. 피부색과 옷차림을 통해 지위와 인종을 가늠할 수 있다.

경우가 많았다. 브루니아스의 그림에서 장터에 나선 여성이 빈번히 등장하는 이유도 이 때문이다. 이러한 흑인 여성들의 위치는 그들이 경제적 자유와 위험에 노출될 가능성을 동시에 마주하게 했다. 그중 노예 신분에 묶여 있던 흑인이나 혼혈 여성은 신체적·성적 폭력에 무방비로 노출될 수밖에 없었고, 그 결과로 태어난 아이들의 처지는 노예부터 사생아에 이르기까지 상황에 따라 달라졌다. 가족의 일원으로 받아들여지거나 재산을 상속받은 운 좋은 이들만 역사 기록에 이름을 남긴 것은 당연한 귀결이었다. 그리고 이렇게 자유를 얻은 이들은 서인도제도에 남기보다는 런던으로 향하는 쪽을 택했다.

대 서 양 을 넘 어 서 : 메 트 로 폴 리 스 의 흑 인 들
—

노예제가 공식적으로 인정되던 서인도제도와 달리 영국 본토의 흑인들은 신분상으로는 자유로웠고, 맨스필드 경의 판결 이후 영국에 정착하기를 희망하는 흑인들의 숫자는 필연적으로 더욱 증가했다. 스코틀랜드와 아일랜드를 포함해 영국 전역에 거주하던 흑인의 숫자는 18세기 후반에는 삼만 명 정도였고 그중 절반 이상이 런던에 살았으리라 추정한다. 서인도제도의 흑인 여성들이 가정 밖으로 내몰려 생존을 위한 노동이나 경제 활동에 종사했던 반면, 런던에 거주하던 이들은 주어진 영역 밖으로 나서기가 어려웠다. 18세기 후반에 이르러 공적인 영역과 사적인 영역을 나누는 경계가 선명해지고 여성의 활동이 가정을 중심으로 제한된 탓이다. 에퀴아노의 자서전을 살펴보면 흑인 남성의 경우 하인, 이발사, 음악가, 선원 등의 직업을 택하거나 군복무에 종사

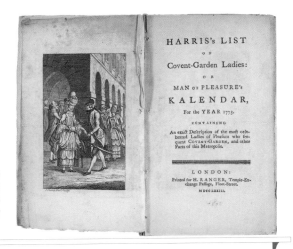

잭 해리스(Jack Harris),
『해리스 리스트Harris's
List』, 1773, 대영도서관.
코벤트 가든 일대의 매
춘부들을 평가하여 정리
한 책자로 1750년대부
터 30여간 매년 출판
되었다.

할 수 있었다. 그러나 흑인 여성에게는 하녀로서의 일 외에는 선택지가
거의 없었다. 『해리스 리스트Harris's List』에 흑인이나 혼혈 여성이 반복적
으로 등장하는 것은 어쩌면 자연스러운 일이었다. 잭 해리스라는 가명
의 저자가 코벤트 가든 일대에서 활동하던 매춘부들을 평가하여 정리한
것으로 알려진 이 책자는 1750년대 후반부터 세기말까지 매년 출판되
었다. 책자에 평가된 여성 중 적지 않은 숫자가 흑인이거나 혼혈로 짐작
된다. 1788년 판본에는 '소피아'라는 여성이 등장하는데, "선명한 눈망
울"을 지닌 "흑인 미녀"로 묘사된다. 직접적으로 인종을 거론하지 않았
더라도 "검은 얼굴"이나 "올리브색 피부" 등의 묘사는 흑인이거나 혼혈
일 가능성을 암시한다.

매춘에 종사하는 흑인 여성의 숫자와는 상관없이, 이들의 이미
지는 18세기 영국에서 지속적으로 도적적 타락의 상징으로 소비됐다.

윌리엄 호가스의 〈난봉꾼의 행각〉에는 성년이 되어 재산을 상속받은 이후 점차 타락해가는 난봉꾼의 모습이 여덟 장에 걸쳐 그려진다. 세번째 장에서는 매춘부에 둘러싸여 질펀하게 술판을 벌이는 장면이 등장하는데, 좌측 뒤편에서 흑인 매춘부가 우스꽝스러운 표정을 짓고 있다. 앞서 살펴본 제임스 길레이나 비슷한 시기에 활동한 토머스 롤런드슨의 캐리커처에는 남편감을 구하는 노처녀 무리, 농을 주고받는 선원들, 늦은 밤 주점에서의 술판 등에 빠짐없이 흑인이 끼어 있다. 인구 백만의 대도시 런던에서 지극히 적은 비율을 차지하던 이들이 무분별한 쾌락의 추구나 방종한 행실의 지표로 부각되었다. 1786년 12월 〈데일리 애드버타이저 Daily Advertiser〉에 실린 익명의 기고문에서는 런던에 거주하던 흑인들을 다음과 같이 묘사했다.

> 40여 년 전쯤, 작고하신 더닝 씨가 찾아오는 흑인들 모두에게 이 나라를 피난처로 내어주는 것에 반대하며, 거리를 채우고 있는 수많은 우중충한 얼굴은 도시 도처에서 목격되는 수많은 아프리카인들을 보고 임신중인 부녀자들이 겁에 질렸던 것에서 원인을 찾을 수 있다고 평한 바 있다. 그는 입법 기관이 더이상의 유입을 막기 위한 조처를 취하지 않으면 한 세기 안으로 런던이 에티오피아의 식민지와 다를 바 없어질 것이라 예언했다.

'임신중인 부녀자'나 '우중충한 얼굴' 등의 표현은 다른 인종과의 결혼, 그리고 그 결과로 태어난 아이들의 피부색을 지시하는 듯하다. 혼혈 인구가 폭발적으로 증가해 런던을 식민지처럼 바꿔버릴 것이라는 예언은 흑인의 성적 방종에 대한 사회적 낙인을 그대로 담고 있다.

윌리엄 호가스(William Hogarth), 〈난봉꾼의 행각The Rake's Progress〉, 1735, 메트로폴리탄미술관 소장.

여덟 편으로 이루어진 연작 중 세번째 장면이다. 난봉꾼으로서의 행각을 매춘부에 둘러싸인 모습으로 형상화한다.

이러한 편견은 다른 인종과의 결혼을 어렵게 만들었다. 그럼에도 백인과 결혼생활을 꾸려간 이들은 에퀴아노처럼 흑인으로서는 드물게 상당한 성공과 명성을 거두었거나, 디도 엘리자베스 벨Dido Elizabeth Belle(1761~1804)처럼 혼혈의 신분임에도 부유한 부모나 친지 덕에 지참금을 챙길 수 있었던 상속자였다. 에퀴아노는 스스로를 영국인으로 규정하기를 원했고 흑인과 백인의 화합을 위해서는 다른 인종과의 결혼이 장려되어야 한다는 주장을 펼쳤다. 그는 1792년 수잔나 콜른이라는 영국 여성과 결혼해 두 딸을 두고 평온한 결혼생활을 이어갔다.

그러므로 캐서린 데스파드Catherine Despard(생년 미상~1815)의 결혼은 지극히 드문 예라고 할 수 있다. 백인이었던 부친에 대한 기록만 남은 것으로 보아 캐서린 데스파드의 어머니는 자메이카의 노예였거나 자유민이었던 것으로 추정된다. 지참금을 챙길 만한 상속녀 신분이 아니었기에, 캐서린의 결혼은 금전적인 이유 때문에 이루어지지는 않았던 것으로 보인다. 남편에게 사형이 언도된 이후 구명을 위해 공개석상에 나서길 꺼리지 않았다는 기록도 애정에 기반한 결혼을 입증한다. 캐서린의 남편 에드워드 데스파드 대령Colonel Edward Despard (1751~1803)은 온두라스에 주둔할 당시 노예제를 공공연히 비판해 농장주들의 불만을 샀고 결국 본국으로 소환된 인물이다. 런던으로 돌아온 이후 캐서린을 아내로 소개했던 것으로 보아 두 사람은 자메이카에서 만나 결혼했던 것 같다. 데스파드 대령이 사형당한 후 그의 유가족들은 캐서린에게 미망인의 지위를 인정해주지 않으려 했지만, 주변 지인들은 캐서린을 데스파드 대령의 부인으로 알았다.

데스파드 대령은 스스로를 "빈민의 친구"라 칭한 평등주의자였다. 점령지에서는 흑인이건 백인이건 관계없이 동등하게 토지 분할의 기회를 주어야 한다는 주장을 펼쳐 비판을 받았고, 본국으로 소환된 이후 서인도제도의 식민지에 정치적 불안을 조장했다는 죄목으로 고발당해 2년간 투옥되었다. 데스파드는 형기를 마치고 캐서린과 함께 아일랜드로 이주한 후에도 반정부 운동을 계속 펼쳤다. 1803년, 아일랜드 빈민들의 폭동을 부추기고 조지 3세의 암살을 도모했다는 혐의를 받아 수감됐고 사형을 구형 받았다. 캐서린은 왕실과 해군 장성들에 탄원서를 보내는 등 구명을 시도했으나 실패했고, 이후에는 넬슨 제독 부인에게 의탁하여 생계를 꾸려갔다고 한다. 기록에 남아 있는 소수의 기혼 혼혈 여성 중 부유한 친지나 가문, 지참금과 같은 요소를 통하지 않고 공적 논의의 장에 이름이 언급된 유일한 사례라는 점에서 데스파드 부부의 결혼은 낭만적이며 예외적이다. 인종을 뛰어넘은 사랑이란 그만큼 어려웠던 것이다.

사랑, 결혼, 지참금

———

사랑하는 이를 선택해 자유로이 결혼하는 흑인이나 혼혈 여성은 실제로도, 당대의 문화적 상상력으로도, 포착하기 쉽지 않은 모습이었다. 함께 가정을 꾸려가는 동반자로 결혼 상대를 택한다는 생각은 이제 막 등장한 새로운 개념이었고 지참금이나 상속은 여전히 중요한 요소였다. 재정 상태가 중요하지 않았다면 대시우드의 두 딸로부터 앤 엘리엇에 이르는 제인 오스틴의 소설 속 인물들이 결혼에 이르기 위해 그렇게 험난한 여정을 거쳐야 할 이유가 없었을 것이다. 오스틴은 18세기 말에서 19세기 초반까지 섭정기 영국을 배경으로 다양한 계층의 여성들이 결혼 상대를 선택하는 과정을 치밀하고 섬세한 문체로 그려냈다. 금전적 이유가 선택의 전부를 차지하는 것은 아니나 반드시 고려해야 할 요소로 언급된다는 점에서, 오스틴의 소설은 현실을 명확히 재현하는 동시에 결혼에 대한 관점 변화를 예리하게 포착해낸다.

오스틴의 마지막 소설 『샌디튼』(1817)에 등장하는 '램 양Miss Lambe'은 19세기에 접어들며 서인도제도의 플랜테이션과 혼혈 여성에 대한 인식이 바뀌어감을 드러낸다. 그리피스 부인이 돌보는 학생 중 한 명인 램 양은 "열일곱 살 정도로, 혼혈의 핏줄이 절반 섞인, 쌀쌀맞고 가냘픈" 아가씨로 묘사된다. 이 인물의 가장 큰 매력은 재산을 물려받을 예정이라는 점이다. 모든 것을 "현대화"하여 도시를 부흥시키고자 혈안이 되어 있는 작품 속 인물들에게, 막대한 지참금을 약속할 수 있는 상속녀의 존재는 중차대했을 것이다. 소설이 완성되기 전 오스틴이 사망한 탓에 램 양이 샌디튼의 주민들과 어떤 관계를 맺을지는 후대의 상상력이 발휘될 수밖에 없었다. 2019년 영국 ITV에서 제작한 시리즈에서는 램 양을 서인도제도에서 누리던 자유를 그리워하는 자기주장이 강한 인물로 제시하고 원작에 없던 오티스 몰리뉴스라는 흑인 남성을 연인 관계로 등장시켰지만 당대의 현실을 반영한 것이라기보다는 개작의 관점이 개입된 것에 가깝다.

디도 엘리자베스 벨과 같은 실존 인물들을 기반으로 생각해볼 때, 지참금을 약속할 수 있는 혼혈 여성이라면 흑인 다수가 노예 신분이었던 서인도제도보다는 런던으로 이주하여 결혼 상대자를 찾는 편이 더 현명한 결정이었을 것이다. 디도 엘리자베스 벨은 귀족 가문의 혼혈 사생아이자 맨스필드 경의 유언에 언급되며 재산을 물려받았기에 당대에 이미 유명한 인물이었다. 1761년 아버지 존 린지 경이 해군으로 복무하던 서인도제도에서 태어나 1765년 영국으로 이주했고, 아버지의 친지였던 맨스필드 경의 보호 아래 생활했다. 어머니는 마리아 벨이라는 노예 여성이었는데 린지 경과 어떻게 만나게 되었는지에 대해서는 확실히 알려진 바가 없다.

혼혈에 사생아라는 신분으로 귀족가에 의탁했기에 벨이 실제로 어떤 처지였는지에 대한 해석은 다분히 엇갈린다. 맨스필드가에서 양육하던 또다른 조카 손녀 엘리자베스 머레이의 놀이 상대이자 하녀에 불과했다는 추정도 있다. 그러나 린지 경은 1000파운드의 재산을 "사생아natural daughter"에게 상속한다는 유언을 남겨 친아버지로서 딸에 대해 나름대로의 책임을 지려 했다. 지인들은 맨스필드 경이 벨에게 서기 역할을 맡기곤 했다는 기록을 남겼다. 벨에게 신사 계급의 여성에게 합당한 교육이 이루어졌던 것이다. 맨스필드 경은 사망 이후 발표된 유언에서 벨에게 따로 유산을 상속하며 조카 손녀가 자유의 신분임을 한 번 더 공표하려 했다.

존 댄비어라는 프랑스 출신 남성과 결혼해 세 자녀를 낳았다는 사실 외에, 벨에 대한 개인적 기록은 더이상 남아 있지 않다. 초상화에 그려진 재기 발랄한 모습과 대조되는 기록의 부재는 역사적 상상력을 자극했다. 벨의 생애는 뮤지컬과 소설 등으로 재탄생했다. 개인적 기록의 부재는 스스로를 대변하여 말할 수 없는 혼혈 여성의 처지를 단적으로 보여준다. 맨스필드 경의 가족이나 지인들이 남긴 기록은 각자의 관점에서 벨이라는 여성을 재단하지만, 벨이 직접 쓴 글은 지금까지 발견된 바 없다.

유색인 여성의 목소리

—

1808년에 출판된 소설 『유색인 여성*The Woman of Colour*』의 편집자 린든 J. 도미니크Lyndon J. Dominique는 소설의 저자가 신분을 밝히지 않았던 것은 스스로의 이야기를 했기 때문이라고 생각했다. 벨과 유사한 처지의 여성이라면 스스로를 드러내는 건 적절치 못한 행실이었기에 익명으로 출판하는 길을 선택했으리라는 것이다. 이 소설은 노예 출신 어머니와 백인 농장주 사이에서 태어난 사생아 올리비아 페어필드가 보낸 편지 글로 이루어져 있다. 혼혈 여성을 주인공으로 내세운 최초의 작품이기도 하다. 익명으로 출판되었고 큰 상업적 성공을 거두지 못했기에 오랫동안 비평가들의 관심 밖에 있기도 했다. 아버지의 유언에 따라 영국에 사는 사촌과 결혼하려 서인도제도를 떠나게 된 올리비아는 유산을 노리는 이들의 냉대와 계략으로 원치 않는 사건에 휘말린다.

그러나 이 소설에서 주목할 부분은 폭로된 비밀이나 비극으로 치닫는 결말이 아니라 올리비아의 결혼생활이 재현되는 방식이다. 이름이 상징하는 것처럼 올리브색의 피부를 지닌 여주인공은 사치와 향락을 추구하는 영국 여성들과 대조를 이루며 피부색보다 중요한 기독교적 가치를 독자에게 설파한다. 무엇보다 중요한 지점은 올리비아와 오거스터스 머튼의 결혼이 상호 존중을 기반으로 이루어진다는 것이다. 서로에 대한 이해를 바탕으로 취향을 공유하며 애정을 쌓아나가는 부부의 모습은 결혼과 배우자에 대한 당대의 관점이 서서히 변해감을 드러낸다. '내면의 소통'에 인종이나 피부색보다 더 중요한 가치가 주어진 셈이다.

고향으로 돌아가 자신과 같은 혼혈이나 흑인을 돕는 일에 전념하겠다는 올리비아의 마지막 결심은 이런 가치를 서인도제도의 플랜테

데이비드 마틴(David Martin), 〈디도 엘리자베스 벨 린지와 엘리자베스 머레이 아가씨의 초상화Portrait of Dido Elizabeth Belle Lindsay and Lady Elizabeth Murray〉, 1778년, 스코틀랜드 스쿤성.

이국적 복장과 얼굴을 가리키는 손가락이 혼혈이라는 정체성을 잘 드러낸다. 흑인 소년을 배경처럼 활용한 윌리엄 영 가족의 초상화와는 달리 정면을 응시하는 시선 또한 흥미롭다.

이션으로 확장하고자 하는 의지의 표현으로도 읽을 수 있다. 쌀쌀맞고 가냘픈 상속녀 램 양으로부터 "기니의 해안에서 들여온 거무스름한 흑인과 내가 비슷하다는 사실을 인정하는 데 아무런 부끄러움이 없다"고 선언하는 올리비아로 변천하는 소설 속 혼혈 여성의 이미지는 노예제와 흑인의 지위는 물론 결혼에 대한 관점 변화를 예언하는 문학적 상상력의 결과물이다.

참고문헌

Anonymous, *The Woman of Colour: A Tale* (Orchard Park, NY: Broadview Press, 2008)
Austen, Jane. *Sanditon*. (Oxford: Oxford UP, 2019)
Equiano, Olaudah. *The Interesting Narrative and Other Writings*. (New York: Penguin, 2003)
Harris, Jack. *Harris's List of Covent-Garden Ladies: Or Man of Pleasure's Kalender for the Year 1788*. (London: H. Ranger, 1788)
Long, Edward. *Candid Reflections upon the Judgement Lately Awarded by the Court of King's Bench*. (London, 1772)
_____. *The History of Jamaica. Or, General Survey of the Antient and Modern State of that Island Vol. II*. (London, 1774)
Stockmar, E. *Memoirs of Baron Stockmar*. (London: Longmans, Green, 1873)
Young, William. *Some Observations, which May Contribute to Afford a Just Idea of the Nature and Importance, and Settlement, of Our New West-India Colonies*. (London, 1764)

━━
류혜원_고려대학교 교양교육원 초빙교수

이화여자대학교에서 18세기의 런던과 영국 소설에 대한 논문으로 박사학위를 받았다. 고려대학교교양교육원에서 공통교양교과를 담당하고 있다. 최근 논문으로는 「한나 스넬과 샬롯 차크의 자서전에 드러난 직업적 남장 Occupational Cross-Dressing in the Autobiographies of Hannah Snell and Charlotte Charke」, 「조나단 스위프트의 「하인들에게 주는 지침」에 그려진 풍자의 경제The Satiric Economy of Toilet in Jonathan Swift's Directions to Servants」 등이 있다.

〈피가로의 결혼〉
〈돈 조반니〉
〈코지 판 투테〉

모차르트의

풀리지 않는 사랑 방정식과

그의 오페라에 투영된 성

전 세계적으로 가장 많이 무대에 올려지는 오페라는 단연코 모차르트의 작품이다. 하지만 안타깝게 작금의 이 땅에서는 천재 신화에 매몰된 모차르트를 더이상 자연인으로 돌려놓으려 하지 않는다. 심지어 그의 사랑조차도……

모차르트는 1756년 태어났다. 이 시기는 유럽이 중세에서 근대로 가는 길목이었다. 당시 유럽은 계몽군주들이 지배하던 때였다. 프로이센의 프리드리히 대왕, 오스트리아의 요제프 2세, 스웨덴의 구스타브 아돌프 3세 등이 그들이다. 이들은 중세를 벗어나 소위 이성의 시대에 예술을 후원하기 위한 새로운 상징이 필요했는데 그중 하나가 바로 똑똑한 아동들을 대상으로 한 '신동 신화'였다. 모차르트는 거기에 딱 부합하는 어린이였다.

특히 유럽 각지에서 모차르트가 연주를 할 때, 시민들이 몰려와서 성황을 이룬 것은 모차르트가 당시 문화적으로 중산층의 욕망을 대변했기 때문이다. 당시 군주들에겐 신동을 후원한다는 것이 자신의 계몽성을 천하에 보여주는 행위였다. 모차르트는 요제프 2세에 의해 '신동'이란 이미지를 각인시킨다. 이 말은 모차르트가 그의 음악성만으로 클래식의 역사에 이름을 올린 것은 아니라는 뜻이다.

이는 시민들의 문화적 열망과 계몽군주로서 명성을 높이기 위한 요제프 2세의 욕구가 맞아떨어진 결과다. 단순하게 반복되던 음악이 혁신성을 가지고 변하는 것도 이때부터다.

이 글에서는 천재 신화에 갇힌 모차르트의 생애와 사랑을 다시 조명한다. 여기서는 프로이트의 심리학에 기반해 모차르트의 생애와 음악을 재조명한 독일 작가 볼프강 힐데스하이머(1916~1991)가 평생 매달려 쓴 거대한 분량의 모차르트 전기를 참고했다. 때로는 본인의 추정으로 모차르트를 평가한 점이 조금 아쉽긴 하지만 정신 분석학 입장에서, 그간 묻지도 따지지도 않고 그저 천재 신화 속에서 낭만적으로 기술하기에 바빴던 이전 전기 작가들에 비해, 그것으로부터 '단절'을 가져온 것만으로도 큰 의미가 있다. 또 독일 음악학자인 멜라니 운젤트Melanie Unseld(현재 독일 올덴부르크대학 음악학 교수)의 역저 『모차르트의 여인들 Mozarts Frauen』에서는 남성들에 의해 조작되어 오늘날까지 전해지고, 심지어는 그렇게 교육되고 있는 "한 작곡가의 생애"를 여성적인 시각으로 재조명했기에 참고했음을 서두에 밝힌다.

사실 18세기적인 사회 분위기에서 쓰인 모든 기록 중 특히 남녀 관계에 대한 자료를 보면 역사적 개념과 망각이 여러 겹으로 섞여 있다. 솔직히 사실과 확인할 수 없는 사건이 뒤섞인 침전물들을 제대로 가

려내기란 거의 불가능에 가깝기 때문에 그간 남성들의 시각에 근거해서 제멋대로 꾸며낸 왜곡이 존재했던 것은 분명한 사실이다.

사실 모차르트 주변의 여인들, 아내 콘스탄체를 비롯해 첫사랑이었던 처형 알로이지아, 혼담까지 오고갔던 사촌 베슬레 그리고 모차르트가 넋을 놓았던 당대의 빼어난 소프라노 낸시 스토라체만 놓고 이야기를 전개해도 흥미로운 부분이 많으나, 문제는 모차르트 주변에 있던 창의적인 여인들의 궤적을 추적하다보면 늘 역사적인 공백을 마주하고 만다는 점이다. 작가들은 상상과 추측에 의존해 그 많은 공백을 채우려 한다. 그러나 어쩌면 그 공백을 그냥 공백으로 남기고 판단은 독자에게 맡기는 게 나을 수도 있다.

모차르트는 진정 계몽주의자인가?

—

여기서는 모차르트 본인의 사랑 이야기가 아닌, 모차르트의 주요 오페라 〈피가로의 결혼〉(1784) 〈돈 조반니〉(1787) 그리고 〈코지 판 투테〉(1790)에 등장하는 18세기 캐릭터들을 해석하고 그에 더불어 종종 회자되는 모차르트의 계몽성을 살펴보겠다.

"모차르트가 이념을 추종한 것이 아니라, 이념이 그의 삶을 따라다녔다."

모차르트를 둘러싼 사회적 배경은 이념의 추종을 낳았다. 그가 원했든 원치 않았든 그의 의견은 그리 중요치 않았다. 모차르트가 이념을 추종한 것이 아니라 이념이 필요에 의해 그의 삶을 따라다녔고 후대에 그를 계몽성의 상징으로 떠받들기에 급급했던 것이다.

모차르트가 잘츠부르크 콜로레도 대주교에게 파면당한 때가 1781년 6월 8일이다. 그리고 그는 본의 아니게 자유 음악가가 되어 신성로마제국의 수도 빈으로 가게 된다. 말이 자유 음악가지 정확히는 실직 상태였다. 모차르트 입장에서는 봉건적인 콜로레도 대주교의 몰이해 때문만이 아니라 지나치게 간섭하는 가부장적인 아버지로부터 도피하고 싶기도 했을 것이다.

　　당시 신성로마제국의 수도 빈은 부르주아의 혁명성이 움찔대고는 있었지만 여전히 중앙집권적인 절대 왕정의 지배하에 있었다. 즉 귀족의 후원 없인 아무것도 할 수 없었다. 하지만 모차르트는 특유의 천재성으로 귀족에게 후원받지 않고도 일단 성공한다. 그가 빈에서 처음 집중했던 청중은 부르주아 계층이었다.

　　우리는 종종 모차르트가 당시 대중 음악가였다고 얘기하지만 이는 그의 대중이 21세기의 대중과는 다르다는 사실을 간과해서 하는 말이다. 모차르트가 빈에서 활약한 시기(1781~1791)에 청중은 귀족뿐 아니라 부르주아 계층도 많았고 그들은 분명 그 당시 전제 군주에 대한 반항을 표출하던 이들이었다. 하지만 그들의 음악적 취향은 귀족적이었다. 그것이 부르주아 계층이 지닌 양면성이었다.

　　그렇지만 빈은 여느 대도시처럼 매우 변덕스럽고, 속물적인 도시였다. 모차르트처럼 사회성 없이 능력만 갖춘 사람을 받아줄 것을 애초에 기대해선 안 되었다. 거기다 모차르트와 그의 아내 콘스탄체의 낭비벽은 그의 몰락을 한층 더 가속화시켰다.

　　자의든 타의든 어쨌든 모차르트의 계몽정신이 표현된 장르는 오페라였다. 〈피가로의 결혼〉과 〈돈 조반니〉에는 분명하게 귀족에 반하는 혁명적인 내용을 담았고, 〈코지 판 투테〉는 당시 파격일 수 있는 여성들의 성에 대한 일탈을 소재로 했다. 이는 분명 지배계급인 귀족에 대한 반항임은 분명하다. 그러나 그의 작곡 의도가 계몽적인 계급투쟁 사상 때문이라고 보기에는 사실 여러 가지로 의구심이 든다.

　　여기서 굉장히 중요한 사실 한 가지를 논하고 넘어가야겠다. 지금 전 세계인들이 모차르트에게 열광하지만 그가 살아 있을 때는 전혀 그렇지가 않았다는 사실이다. 그래야 제대로 모차르트를 이해할 수가 있으니까. 예를 들어 지금이야, 1786년 빈에서 초연된 모차르트의 오페라 〈피가로의 결혼〉이 전 세계 오페라 극장을 석권하고 있지만, 당시는 상황이 전혀 달랐다. 밀로스 포먼 감독이 메가폰을 잡은 영화 〈아마데우스〉로 인해 너무 왜곡된 살리에리(1750~1825)가, 그때 모차르트는 감히 넘볼 수 없는 위치에 있는 존경받는 음악가였다. 살리에리가 1787년 파리에서 초연한 오페라 〈타라레〉가 먼저 발표된 모차르트의 〈피가로의 결혼〉을 제치고 18세기 유럽을 흔들어놓았다. 사실 살리에리의 오페라가 흥행에 실패한 경우는 거의 없었으며 그 당시 빈에서의 인기만 보더라도 모차르트보다 살리에리가 한참 위였다.

　　그럼에도 불구하고 살리에리는 모차르트를 오히려 인정하며 존중했던 사람이다. 영화는 그야말로 대중의 입맛을 고려한 의도된 허구의 산물일 뿐이다. 1788년 살리에리가 황실의 음악 감독으로 취임했을 때 오페라 〈피가로의 결혼〉을 여러 번 지휘하며 모차르트의 작품을 홍보해 준 것이 대표적인 예이고, 또 모차르트가 죽기 1년 전인 1790년 레오폴드 2세 황제의 대관식 미사 때 살리에리가 직접 모차르트의 미사곡을 연주해 그의 작품성을 널리 알리기도 했다.

　　한편 모차르트 역시 살리에리를 질투는 했으나 감히 대놓고 싫어할 위치도 아니었고, 역사적으로 그럴 만한 아무 이유도 발견할 수가 없다. 알려져 있다시피 모차르트는 원래 감정 기복이 심했고, 살리에리만큼 사회성이 좋은 사람은 아니었다. 그렇긴 해도 그 역시 어려서부터 유럽 전역으로 여행을 다니면서 많은 예술가들과 교분을 쌓았던 터라 자신과 음악적인 공감대가 있는 이들과는 자주 소통했다. 그러한 모차르트에게 살리에리는 모범 답안 같은 사람이었다.

정치적 배경이 없던 음악가 모차르트는 아직 귀족의 영향력이 사라지기 전인 그의 말년, 실제 부르주아들보다 훨씬 더 영향력이 큰 혁명가의 프레임이 씌워져서 귀족들에게 배척당했고, 그가 죽은 후 한참이 지나서는 마치 부르주아의 이념을 대표한 음악가인 양 추켜세워졌지만 정작 그는 시대적으로는 애매한 지점에 있던 음악가였다. 결국 모차르트 본인은 평생 신분과 돈으로부터 자유를 누리지 못했지만, 그의 음악은 후손들에게 자유의 가치를 물려주었고, 살아생전 무시당했던 그의 고향 잘츠부르크는 지금은 언제 그랬냐는 듯 모든 산업이 모차르트로 통하고 있지 않은가.

이렇듯 오늘날 의도적으로 부각시킨 모차르트의 빈곤한 이미지는 그의 음악을 더욱 고양시켰고 더불어 그를 추종하는 기업에게 막대한 부를 안겨다 주는 권력이 된 것이다.[1)]

〈피가로의 결혼〉을 이해하게 하는 핵심 인물, 케루비노

—

대부분 〈피가로의 결혼〉을 이끌어가는 인물이 피가로와 수잔나라고 생각하기 쉽다. 하지만 반전의 캐릭터가 있다. 바로 케루비노다.

성에 비로소 눈을 뜨기 시작한 케루비노는 자나깨나 여자 생각으로 가득 차 있는데 이는 신체적으로는 자연스럽지만 정신적으로는 불안정한 13세의 사춘기 소년의 전형이다. 대본 작가 다 폰테는 모차르트와 함께 케루비노를 통해 자신의 성적 정체성과 당시 프랑스 혁명 직전의 격동하는 사회를 동시에 상징했다. 들끓는 사회 속에서 사람들이 품은 불안이 질풍노도 시기를 맞이한 케루비노의 중성적인 특성과 맞물려 있다. 케루비노를 통해 어제까지 당연하게 여기던 가치가 오늘은 휴지 조각이 되어간다. 케루비노는 분명 남자인데 여자들이 노래한다. 이때 여자배우들이 바지를 입고 나온다. 이를 '바지를 입는 역trouser role'이라 하는데, 거기엔 사회적인 이유가 있다.

17세기에 등장한 계몽주의의 영향으로 청중의 욕구에 맞춰 다양한 캐릭터를 창조할 필요가 생겼다. 예전처럼 틀에 박힌 영웅담이나 귀족에 초점을 맞춘 이야기가 아닌, 평범한 사람들의 일상 이야기에 해학과 풍자가 들어가면 대박이 된다. '오페라 부파'라고 하는 것이 그것이다. 다양한 이해관계를 지닌 인물들을 각기 개성 넘치고 비중 있는 인물로 다루면 된다. 주연과 조연의 경계가 모호해진다. 보는 시각에 따라 누구든 주연이 될 수 있다. 우리는 너무 오랫동안 작위적인 해피엔딩에 익숙해져 있었다.

본능에 충실하면 된다. 케루비노가 바로 그런 역할이다. 바로크시대의 평면적인 배역들이 점차 입체화, 다양화된다. '바지 역할'이 이렇게 해서 유지된다. 남성과 여성이라는 이분법적 기준으로는 도저히 소화할 수 없는 역들을 그들이 맡는 것이다. 결국 이 발칙한 소년은 백작이 출장했을 때 백작 부인과 하룻밤의 불장난으로 그를 임신시키고 만다(이 내용은 〈피가로의 결혼〉에는 나오지 않고 원작인 보마르셰의 소설, 피가로

3부작 중 3부 「죄지은 어머니」에서 공개된다).

　　참고로 피가로의 결혼에서 알마비바 백작이 하녀 수잔나에게 행사하려 하는 초야권初夜權[2]은 중세 때 왕이나 가톨릭교회에 의해서 단 한 번도 승인된 적이 없는 권리다. 마르크 블로크, 조르주 뒤비, 자크 르 고프 등 중세를 연구한 프랑스 출신의 저명한 사가 대부분은 초야권의 실재를 인정하지 않았다. 그들이 내린 결론에 따르면 초야권은 볼테르를 필두로 한 근대 계몽 사상가들이나 반교권주의자들이 '무지몽매한 중세'와 당시 부패한 '가톨릭교회'를 비난하기 위해 정치적 선전도구로 창조해낸 허구의 '전통'이라고 단언했다. 특히 〈피가로의 결혼〉은 귀족이 가진 권력과 모순을 초야권 제도로 상징함으로써 관객들의 분노를 불러일으켜 이후 프랑스 혁명에 영향을 끼치게 되었음을 간과해서는 안 된다. 선전 선동이야말로 시대를 불문하고 가장 악랄한 정치행위니까.

　　우 리 가　아 는　돈　조 반 니 는
　　과 연　어 떤　자 일 까 ?
　　──

　　〈돈 조반니〉는 부패한 귀족 돈 조반니가 결국 지옥의 나락에 떨어지는 이야기, 대본 작가 다 폰테와 작곡가 모차르트가 18세기 당시 귀족계급의 타락을 비판하고 권선징악의 교훈을 전하려고 창작한 오페라로 알고 있다. 그렇게 보는 게 제일 속편하긴 하다.

　　그런데 세 시간이 훌쩍 넘는 이 오페라를 권선징악의 흔해빠진 이야기로만 보기엔 몹시 지루하다. 그렇다고 '인간성의 근원'을 파헤친 '드라마틱 오페라'라고 하면 또 지나치게 철학적 해석이 가미된다. 그런 의미에서 이 오페라는 돈 조반니를 '나'로 삼아 대입해보며 감상해야 재미를 느낄 수 있다. 궁극적으로 돈 조반니를 통해 어쩌면 또다른 나를 발견할 수도 있으니까 말이다.

독일에서 출생한 유대계 미국인 음악학자 앨프리드 아인슈타인은 모차르트의 오페라 〈돈 조반니〉를 "불가해한 요소들로 가득 차서 분석한다는 자체가 어리석은, 수수께끼 같은 오페라"라고 했지만, 내 생각은 다르다.

분석分析하지 말고 해석解釋해야 한다. 분석은 나누고 쪼개는 것이다. 분석은 기존의 개념 또는 정의가 있다면, 이를 세분화하는 것을 뜻한다. 마치, 큰 고깃덩어리를 여러 부위에 맞도록 구분하는 것을 상상하면 된다. 또는 구분하고 묶던 기존의 방식에서 벗어나 새롭게 해체하고 합치는 것도 다른 의미의 분석이 될 수 있다. 반면에 해석은 '변환 또는 가치를 부여하는 일'이다. 즉, 어떤 것에 의미를 붙여 이를 다른 것으로 바꾸는 작업을 말한다. 해석하는 이가 어떤 의도를 갖고 하는가에 따라 다른 것으로 얼마든지 바뀔 수 있다. 이때의 해석은 의미와 가치를 염두에 두고 하는 일종의 '평가'에 가깝다. 따라서 해석하는 이의 주관이 개입될 수밖에 없다.

원초적 자아의 브레이크 없는 질주를 그린 모차르트의 〈돈 조반니〉는 등장인물을 통해 청중 마음속 깊숙이 잠들어 있던 야릇한 본능을 자극하고, 그 본능의 자유를 슬그머니 동경하게 만든다. 죽음도 두려워하지 않는 돈 조반니의 날것 그대로의 성적 욕구는 그러나 결코 충족되지는 않는다.

부르주아 여성의 전형인 돈나 엘비라는 돈 조반니와 사흘 동안 살았다. 어떤 여인이든 하룻밤을 넘기지 않았던 돈 조반니에게 사흘이라는 기간은 거의 결혼생활에 가깝다. 그녀는 원래 수녀가 되려고 했던 여인이었는데, 그런 그녀가 돈 조반니의 유혹에 빠져 환속했으니 그녀가 돈 조반니에게 얼마나 매혹당했는지 짐작이 간다. 그녀는 돈 조반니에게 버림받고 부르고스에서 세비야까지 무려 710킬로미터에 가까운 거리를 한달음에 달려가 돈 조반니를 만나면 죽여버리겠다고 쫓아다니면서도, 제발 자신에게 돌아오라며 그러면 모든 것을 용서해주겠다고 애원한다. 통제할 수 없는 사랑에 빠져본 적이 있다면 누구나 이해할 법하기에 가장 애정이 가는 캐릭터다. 그리고 1막이 시작되면서 돈 조반니에 의해서 죽은 돈나 안나의 아버지가 피날레에서 기사장으로 등장해 돈 조반니의 손을 붙잡고 죄를 뉘우칠 것을 세 번 종용하지만, 그는 끝까지 거부한다. 네번째 거절에 석상은 회개의 시간은 끝났다고 선언하며 그를 꺼지지 않는 불길 속 지옥으로 끌고 간다. 이렇듯 그는 자유의지로 엘비라가 두 번 내미는 간절한 구원의 손길과 기사장의 단호한 구원의 손길마저 강하게 거부한다.

이 작품에서 모차르트는 청중에게 결코 구원의 열쇠를 선물하지 않는다. 이 음모의 최대 공범자는 다름 아닌 바로 관객들이기 때문이다. 관객들은 이 극이 시작되는 처음, 그러니까 돈 조반니가 여인들을 한 명씩 유혹해갈 때마다 그 사건의 목격자였다.

갈수록 대담해지는 돈 조반니의 멈출 수 없는 본능은 관객들에게 모종의 쾌락을 제공하고 점점 몰입하게 해 결국 돈 조반니를 영웅으로 만들었고 관객들 또한 최대의 공범이 되었던 것이다.

귀족 오타비오와 농부 마제토의 대비되는 성격(정혼자가 유혹당했을 때 이들이 보이는 모습)과, 귀족 안나와 부르주아 엘비라와 농부 체를리나의 서로 다름은 이 오페라가 빚어내는 파노라마의 진수다.

결국 대중은 본능의 화신 돈 조반니를 통해 자신의 욕망을 명백하게 직면하며 자화상을 그려나간다.

돈 조반니는 사실 대단히 특이한 주인공이다. 얼핏 무대에서 나이들고 풍채 있는 성악가들이 연기를 해서 그렇지, 실제 그는 대단한 미남에다 27세의 젊은 바람둥이다. 모차르트는 그를 테너가 아닌 바리톤 배역으로 설정했고, 주역인데도 제대로 된 아리아도 주지 않았다. 돈 조반니가 부르는 〈포도주의 노래〉나 〈세레나데〉는 쫓기는 듯하거나 너무 빨리 끝나버려, 끝까지 아리아로서 독자적인 스타일을 부여받지 못한다. 대신, 돈 조반니는 자신이 상대하는 나머지 인물들의 음악적 스타일에 매번 자신을 맞추어 기가 막히게 조화를 이룬다. 모차르트는 이걸 노린 것이다. 그의 천성이 여자를 만날 때마다 달라진다는 것을……

모차르트는 이 오페라에서 자신의 자유분방한 성격, 섬세한 감정 변화, 어두운 열정, 단호한 용기를 모두 음악으로 표현해놓았다. 돈 조반니는 자기 선택으로 무한한 사랑의 자유를 누렸고, 그 자유를 포기하느니 차라리 불구덩이로 떨어져 죽는 쪽을 택했다.

종교도, 도덕도, 법도 거부한 돈 조반니는 사회 통념에서 보면 분명히 '악인'이었다. 그러나 사랑과 자유에 인생을 건 '비극적 영웅'이기도 했다. 그가 욕망을 추구하는 과정은 오욕으로 점철됐을지언정, 순수한 욕망 그 자체라는 면에선 일순간 비난을 멈추게 해 보는 이로 하여금 묘한 동질감마저 유발시킨다. 심지어 역설적으로 프랑스 대혁명을 2년 앞두고 1787년에 프라하에서 초연된 이 오페라에 군데군데 배어 있는 일탈과 규제를 넘나드는 자유는 성性을 통해 개인의 탄생을 예고하고 있다.

이렇듯 〈돈 조반니〉는 다양한 해석의 지평을 열어놓는다.

남자들의 이중적인 성 관념을 조롱하는
최초의 작품, 〈코지 판 투테〉
—

〈코지 판 투테〉는 약혼녀끼리 상대를 바꿔 연애하는 '파트너 체인지'라는 요소 때문에 베토벤에게 강한 비판을 받았고, 남자들이 여자의 정절을 두고 내기했다는 점은 최근까지도 입방아에 오르지만, 그 기저를 들여다보면 이야기는 그렇게 간단하지 않다. 오히려 〈코지 판 투테〉에서 우리는 남자들의 이중적인 성 관념을 유쾌하게 비웃는 시선을 확인한다.

그간 실생활이나 오페라에서 바람을 피우는 것은 남자만의 전유물이었지만 〈코지 판 투테〉에 와서는 상황이 완전히 뒤바뀐다. 실제로 〈코지 판 투테〉에 나오는 커플들은 아직 결혼도 하지 않은 상태라 바람을 피운다고 잘라 말하기도 애매하다.

남성이라는 고유명사와 정조라는 단어는 당시 애초에 어울리는 것이 아니었다. 세상 어느 모임에서 공개적으로 남자들의 정조를 논했던가? 〈코지 판 투테〉는 그간 여성과만 결합되어온 정조라는 말을 우회적으로 비웃으며 남자들의 이중적인 성 관념을 조롱하는 최초의 작품이다.

성性의 순결함만 강조하는 것이 성聖스러운 결혼의 조건은 아니다. 사랑과 결혼이 아름다운 것은 삶의 진실성에 깃든 것이지, 성性의 순결함이나 소유욕에 있지 않다. 즉, 정숙함과 섹슈얼리티는 여자에게만 존재하는 것이 아니라는 말이다.

이 작품을 제대로 본다면 인간의 본성에 던지는 날카로움이 해학에 묻어나는 수작임을 알 수 있을 것이다.

주

1) 채승기, 『채승기의 톡클래식』, 디지털북스, 2019, 106~110쪽.
2) 라틴어로 '유스 프리마이 녹티스(jus primae noctis)', 프랑스어로 '드루아 뒤 세뇨르(Droit du seigneur)'라고 하는 초야권은 중세 영주가 자신의 영지에 보호받고 있는 농노의 딸에 대한 처녀성을 취하는 권리라고 알려져 있다.

채승기_톡클래식그룹 대표

바리톤. 메트로폴리탄 오페라 콩쿠르 파이널리스트, 존스홉킨스대학 피바디콘서바토리 졸업. 볼티모어오페라단 단원, 국제법률경영대학원대학교 교수, 경희대 평생교육원 주임교수를 역임하고, 현재 톡클래식그룹 대표이다. 여러 기업의 인문학 강연과 함께 공연 및 저술 활동에 힘쓰고 있다. 저서로는 『음악가 내 친구들』 『채승기의 톡클래식』 『1막2장 클래식』 『오페라 말을 하다』 등이 있다.

비제 르 브룅과

자화상 속

사랑의 모습

프랑스의 18세기는 '여성에 대한 숭배le culte des femmes' 시기였다고 혹자는 말한다. 그러나 18세기 여성 화가들의 작품을 살펴보면 이 시기의 여성이 단순히 수동적인 숭배 대상이기만 했던 것은 아니었던 듯하다. 이들은 예술가이자 전문 직업인으로서 정체성과 작품에 대한 자부심을 드러내기를 두려워하지 않으며, 남성 중심의 미술계가 고수한 관념과 관습의 틈에서 새로운 유형을 창조하는 데 애썼다. 이들의 작품 가운데 새로운 것은 초상화, 특히 자화상에 드러난 여러 감정의 표현이다. 그 속에서 여성은 사랑을 갈구하는 존재가 아닌 사랑의 주체로 등장한다. 이전까지 사랑이라는 감정은 대체로 남성이 여성에게 줄 수 있는 것으로, 그림에 그려지는 여성은 그 대상으로서만 묘사되었다. 반면 여성이 줄 수 있는 사랑의 형태로서 모성애는 여성을 성애의 대상이 아닌 다정하고 희생적인, 위험하지 않은 존재로 규정지었다. 그렇다면 18세기 중후반 프랑스에서 여성 화가들이 남긴 초상화와 자화상에서는 사랑이라는 감정이 구체적으로 어떻게 그려졌을까? 사랑이라는 모호하고도 더없이 인간적이고 내밀한 감정을 화가들은 그림 안에서 어떻게 활용했을까? 또, 사랑을 주는 주체로서 여성은 어떻게 표현되었을까?

자화상을 통한 여성 화가들의 자기표현
—

서양미술사에서 가장 오래된 여성 화가의 자화상으로 알려진 것은 16세기 플랑드르의 화가 카타리나 반 헤메센의 것이다. 직업 화가로서 화가들의 길드이자 교육기관인 성 루카 아카데미에 가입했던 그는, 기독교 역사 최초의 화가로 알려진 루카 성인의 도상을 본떠 이젤 앞에 앉은 자기 자신의 모습을 남겼다. 한편, 홀로페르네스를 살해하는 유디트를 전에 없이 결연하고 다부진 모습으로 그린 것으로 잘 알려진 아르테미시아 젠틸레스키의 자화상은 여기서 한 발짝 더 나아간다. 여성이자 화가로서 자기 자신을 표현한 데 그치지 않고 스스로를 '회화의 알레고리'로 그려낸 것이다. 여기에는 회화와 자신을 동일시한다는 의미가 담겨 서양미술사에 남은 여성 화가의 자화상 가운데 특히 기념비적인 작품이다. 당시 예술작품에서 회화를 우의적으로 젊은 여성으로 표현하는 관례가 있었는데, 일반적 여성의 성역할에 안주하기를 거부하면서도 회화를 관장하는 상징적 존재로서 여성성을 효과적으로 활용한 화가의 자부심과 진지함이 느껴지는 작품이다. 18세기 초중반에 국경을 넘나들며 남성 화가 못지않게 왕성한 활동을 펼친 파스텔 화가 로살바 카리에라의 단호한 입매와 눈빛에서는 이전 여성 화가 자화상에서 그려진 전통적 여성의 이미지를 답습하지 않고, 남성과 동등한 독립적인 직업인으로서 본인의 정체성을 표현하려는 강력한 의지가 느껴진다.

이제 프랑스로 가보자. 위에 소개한 과거의 "여성 거장들Old Mistresses"과 어깨를 나란히 할 걸출한 여성 화가들이 18세기 프랑스에도 있었다. 당시 예술가들이 오늘날 국전에 해당하는 살롱전에 출품해 소위 데뷔하기 위해서는 왕립 회화·조각 아카데미(이하 아카데미)에 가입된 상태여야 했다. 따라서 1791년 살롱전의 문이 모두에게 열리기 전까지, 등단하고자 하는 예술가들에게 아카데미와 그 회원들의 권력은 절대적이었다. 더군다나 여성에게 아카데미의 문은 좁고도 좁아서, 저명한 조각가 지라르동의 부인 카트린느가 아카데미 설립 15년 후, 1663년에야 여성으로는 처음 아카데미에 입회했을 정도다. 18세기 들어 이전보다 여성 화가들의 활동이 비교적 활발하게 이루어졌음에도 여전히 여성이 아카데미 입회 절차를 거치기란 쉽지 않았다. 이들은 남성 주류 화가들과의 경쟁을 피해 주로 초상화가나 정물화가로 아카데미에 등록했다. 우여곡절 끝에 아카데미에 입회하더라도, 성공의 대가로 남성 기성 화가들과의 근거 없는 악의적 염문에 시달려야 했다. 18세기 말 여성 화가들은 이러한 모욕에 강하게 반발하며 꿋꿋하게 활동을 이어나갔다. 소수의 여성 화가들이 세대를 뛰어넘어 형성하는 특별한 유대감은 아델라이드 라빌기아르가 남긴 〈두 제자와 함께한 자화상〉에서 잘 드러난다.

여성 화가와 초상화라는 장르를 이어주는 고리는 무엇일까? 18세기 프랑스에서 여성 화가들은 감정과 정서, 작은 세부의 표현에 상대적으로 뛰어나다는 선입견 때문에 특히 초상화에 뛰어나다고 인식되

카타리나 반 헤메센(Catharina van Hemessen), 〈자화상Zelfportret〉, 1548, 32.2×25.2cm, 바젤미술관 소장.

아르테미시아 젠틸레스키(Artemisia Gentileschi), 〈회화의 알레고리로서의 자화상Autoritratto come allegoria della Pittura〉, 1638~1639, 98.6×75.2cm, 영국 로열컬렉션, 윈저성 소장.

로살바 카리에라(Rosalba Carriera),
〈자화상Autoportrait〉, c. 1746,
31×25 cm, 베네치아 아카데미아미술
관 소장.

었는데, 라빌기아르나 엘리자베트 비제 르 브룅(1755~1842) 등 유명한
여성 화가들이 남긴 작품 가운데 초상화의 비중이 압도적으로 높은 점
이 이를 설명해준다. 서양에서 초상화는 역사화나 신화를 주제로 한 그
림, 종교화와 비교해 회화의 위계상 덜 중요한 장르로 간주되어왔다. 그
러나 대체로 중요하거나 지체 높은 인물의 살아 있는 모습을 기록한다
는 점, 외모상의 개인적 특징과 고귀함, 사회적 지위를 묘사하고 표정이
나 몸짓을 자연스럽고 실감나게 표현하려면 화가가 고도의 실력을 갖춰
야 한다는 점에서 장르화, 풍경화, 정물화보다는 상대적으로 고상한 장
르로 여겼다. 여성 화가들이 일찌감치 초상화를 주력 분야로 선택한 것
은 이 때문이기도 하다. 물론 남성 화가 지망생과 같은 교육을 받을 수

아델라이드 라빌기아르(Adélaïde Labille-Guiard),
〈두 제자와 함께한 자화상Autoportrait avec Deux Élèves〉, 1785,
210.8×151.1cm, 메트로폴리탄미술관 소장.

없었다는 점이 당시 여성이 역사화나 종교화와 같은 '위대한 장르'에 손을 대기가 어려웠던 가장 큰 이유였겠지만 말이다. 어찌되었든 당시 여성 화가들이 마음껏 재능을 뽐내고 자아를 드러내기에 가장 알맞았던 분야는 바로 초상화였다.

자 화 상 속 사 랑
—

실제로 당시 여성 화가들의 초상화는 대체로 인물의 사회적 지위나 부, 명성 같은 세속적·외적 요소보다 인물의 정서를 표현하는 데 집중하는 양상을 보인다. 루이 16세의 왕비 마리 앙투아네트의 전속 화가로 이름을 날린 뛰어난 초상화가이자 지적인 사교계 인사였던 비제 르 브룅은 천진난만하고 풋풋한 어린 소녀의 모습이나 자연스럽고 기품 넘치는 왕비, 귀족 부인들의 초상을 그려 자기만의 든든한 고객층을 확보했다. 그의 작품에서 특징적으로 드러나는 정서적 요소 중 하나는 바로 모성애다. 비제 르 브룅이 1787년 살롱전에 출품한 〈프랑스의 왕비 마리 앙투아네트와 아이들의 초상〉은 왕비의 사치와 여러 스캔들로 성난 민심을 바로잡기 위해 (비교적) 수수하고 아이들과 친밀해 보이는 어머니의 모습을 그에게 덧입힌다. 여기서 왕비는 값비싼 보석 대신 자신의 진정한 유일무이한 보석, 아이들을 국민들에게 자랑스레 내보인다. 물론 이는 왕비와 조영총관(굳이 비교하자면 오늘날의 문화부장관 격) 당지빌레 백작의 주문에 따른 결과물이다. 그뿐만 아니라, 이 그림은 모두에게 친밀한 기독교 도상, 즉 가장 순결하고 자애로운 어머니 마리아와 스스로 희생하여 인류를 구원하는 그 아들의 숭고한 모습을 왕비와 왕자의 모

엘리자베트 비제 르 브룅(Élisabeth Vigée Le Brun), 〈프랑스의 왕비 마리 앙투아네트와 아이들의 초상
Portrait de Marie-Antoinette et ses enfants〉, 1787, 195×271cm, 프랑스 베르사유궁 소장.

습에 자연스럽게 겹쳐지게 했다. 사랑의 프로파간다라고 할 수 있을까.

한편 비제 르 브룅은 같은 해 살롱전에 딸 쥘리와 함께한 자화상도 한 점 출품했다. 기품 있는 모습으로 그려진 왕비와 달리 여기서는 화가가 이를 드러내고 웃고 있어 보는 이에게 충격을 주었지만, 두 그림 모두 모성애, 어머니와 아이 사이의 친밀감을 주제로 한다는 공통점을 지녔다. 당대 저명한 미술비평가인 바쇼몽은 비제 르 브룅의 이 자화상을 비난했는데, 이토록 친근하고 자연스러운 모성애를 그려낼 줄 알면서 어떻게 왕비와 아이들은 목석처럼 무미건조하게 그렸냐는 말이었다. 이처럼 비제 르 브룅이 본인의 자화상에 담아낸 어머니로서의 사랑은 화가로서 그의 능력과 전문성을 드러내면서도 "훌륭한comme il faut" 여성으로서 자신을 위화감 없이 내보인다. 여기서 딸을 포옹하는 다정한 어머니는 시몬 드 보부아르가 비판한 바로 그 "아름다운 미소La souriante maternité"를 짓고 있다. 보부아르는 비제 르 브룅이 즐겨 그린 "미소 짓는 모성"은 화가의 지나친 자의식이 투사된 결과물이며, 이는 삶에 대한 진지한 고찰의 결여에서 비롯된다고 비판한다. 다시 말해, 비제 르 브룅은 자신을 근심 없이 천진한 미소를 짓는 어머니의 모습으로 그림으로써 고정된 여성성에 안주하고 나아가 여성으로서 약점을 드러내는 우를 범한 셈이다. 그러나 이러한 판단은 오히려 여성이 '여성성'이라 간주되는 여러 감정, 특히 사랑의 표현을 지양하고 남성을 흉내내야 옳다는 남성주의적 해석의 함정으로 이끌 수 있다. 〈비제 르 브룅 부인과 그의 딸 잔느뤼시, 통칭 쥘리〉는 화가가 1788년에 그린 그의 동료 위베르 로베르의 초상과 한 쌍을 이룬다. 로베르는 당대 역사화가이자 풍경화가로 정평이 난 미술계의 유명인사로, 여기서는 신성한 영감에 휩싸인 복음성인 내지는 전형적인 천재의 모습으로 그려졌다. 짝을 이룬 이 둘의 초상은 사랑스러운 여성의 모습을 했건, 사랑을 베푸는 어머니의 모습을 했건, 화가 비제 르 브룅이 이름난 남성 화가와 동등한 위치에서 마주볼 수 있음을 당당하게 선언하는 듯하다. 이 한 쌍 그림 pendant에서 비제 르 브룅의 짝은 그에 못지않게 유명한 그의 남편인 화상 장바티스트피에르 르 브룅이 아니다. 당대 가장 뛰어난 두 화가는 그렇게 각자의 자리에서 각자의 모습으로 서로를 마주한다.

　　　한편 비제 르 브룅이 〈밀짚 모자를 쓴 자화상〉에서 루벤스의 부인을, 〈비제 르 브룅 부인과 그의 딸〉에서 라파엘로의 연인 라 포르나리나를 모델로 삼아 자기 자신을 그렸다는 사실은 의미심장하다. 과거의 거장이 아닌 그들이 연모한 대상을 본인과 동일시한 것이다. 이는 화가이면서 동시에 모델로서, 행위의 주체이자 대상으로서, 여성의 정체성을 저버리지 않으려는 의도로 읽히기도 한다. 비제 르 브룅은 과거 미술사에서의 관습을 적절히 이용하며 여성으로서의 본인을 숨김없이 드러내고, 그러면서도 남성 화가와 대등한 전문 화가로 남았다. 여기에는 사랑이라는 정서가 큰 역할을 했다. 여성으로 보인다고 해서 반드시 남성에 대해 열등함이나 나약함을 갖는다는 의미는 아니며, 사랑의 대상이 되든, 모성애를 베푸는 사랑의 주체가 되든, 여성은 자유롭게 자기 자신을 표현할 수 있다.

　　　비제 르 브룅의 그림을 통해 살펴보았듯이 여성 화가의 자화상은 모델, 화가, 작품 속 인물이 모두 동일한 인물이라는 점에서 서양미술사에서 특별한 의미를 지닌다. 여기서 여성은 대상이면서 주체이고, 서사 자체이면서 이야기꾼이고, 상징이면서 그 해설자이다. 서양미술의 역사에서 보통 여성은 모델이자 시선의 대상으로, 서사와 상징, 아름다움을 담아내는 빈 그릇과도 같았다. 남성의 사랑을 불러일으키는 수

엘리자베트 비제 르 브룅, 〈비제 르 브룅 부인과 그의 딸 잔느뤼시, 통칭 쥘리Madame Vigée le Brun et sa fille Jeanne-Lucie, dite Julie〉, 1786, 105×84 cm, 루브르박물관 소장.

동적 존재로서가 아니라 자연스러운 사랑을 느끼고 표현하는 장본인으
로서 자화상 속 여성 화가는 새롭게 빛난다.

사 랑 의   활 용 법
—

　여기서 소개한 그림을 통해 비제 르 브룅을 페미니스트 화가라
부를 수 있을까? 성급한 결론일 것이다. 다만 이 자화상과 인물화들은
때로는 여성을 구속하고 때로는 여성에게 당연한 것으로 요구된 사랑이

라는 감정을 이용해 여성 화가의 정체성을 표현한 하나의 시도로 볼 수 있다. 사랑이라는 주제, 더 구체적으로 사랑의 이미지는 화단에서 여성 화가들에게 일종의 무기이자 자기방어의 수단으로 기능했다. 초상화뿐만 아니라 보통 예술작품에서 젊은 여성은 대부분 남성의 사랑을 불러일으키는 매혹적인 모습으로 표현되었는데, 여기서 여성은 사랑의 주체보다는 대상이다. 그런데 결혼을 통해 가정을 이루고 어머니가 되고 나면 여성은 초상화 안에서 사랑을 다른 대상에게 주고 투사하는 존재로 변모한다. 이때 사랑은 남편, 이성에 대한 것이기보다는 자식을 향한 모성애나 가족을 위한 헌신에 가깝다. 비제 르 브룅은 이러한 또다른 사랑의 모습을 활용해 화가, 모델, 여성, 어머니로서 본인을 인위적으로 꾸미지 않으면서도 그 자체로 강력한 존재로 자화상에 담아냈다.

비제 르 브룅이 보여주듯 18세기 프랑스의 화단이라는 여전히 보수적인 세계에서, 사랑이란 여성이 주체가 되어 여성의 상을 재창조하는 한 가지 도구로 작용하기도 했다. 그러나 비제 르 브룅에 대한 보부아르의 비판이 환기하듯, 여성 화가가 어떻게 자기 자신을 표현해야 하는지, 여기에 그의 자의식이 어떻게 투영되는지, 또 우리는 이것을 어떻게 읽어야 할지, 그 질문에 대한 답은 아직 완결되지 않았다. 그 수용의 문제는 생각보다 더욱 복잡해서, 지난 세기 말, 마리드니즈 빌레르 Marie-Denis Villers (1774~1821)의 1801년 작 〈샤를로트 뒤 발도뉴의 초상〉이 주류 남성 화가 다비드 Jacques-Louis David의 것으로 여겨졌다가 본 주인을 찾으면서 겪은 엇갈린 평가는 단순한 해프닝으로만 보기 어렵다. 사연인즉슨, 메트로폴리탄미술관은 다비드의 작품인 줄 알고 이 그림을 구입했는데, 알고 보니 이는 그 제자의 제자인 젊은 여성 화가의 것이었다. 원래 다비드의 명작으로 소개되었던 이 그림은 여성의 작품으

마리드니즈 빌레르(Marie-Denise Villers), 〈샤를로트 뒤 발도뉴의 초상Charlotte du val d'Ognes〉, 1801, 161,3×128,6cm, 메트로폴리탄미술관 소장.

로 다시 알려지면서 돌연 '유약'하고 해부학적으로도 미흡하다는 혹평을 들어야 했다. 이러한 일화는 이후 린다 노클린 등에 의해 대중적으로 알려졌고, 여성 예술가들에게 미술과 미술사에서의 젠더주의적 관점을 실감하게 했다. 이러한 현실 속에서 이들은 끊임없이 나름대로의 대처법을 고민해야 했다. 과연 사랑이란 감정은 여성으로서 전용할 수 있는 고유의 무기였는지, 아니면 우려 섞인 비판에서처럼 '여성적'인 경솔함의 증거이거나 오히려 장애물이었는지는 더 생각해볼 일이다.

참고문헌

Simone de Beauvoir, *Mémoires I, II*, Paris, Gallimard, 2018.
Catherine R. Montfort, "La 《souriante maternité》 de Vigée Le Brun: le pointde vue de Simone de Beauvoir, Dalhousie French Studies, Fall 1996, vol. 36, pp. 113-121.
Paula Rea Radisich, 《Que peut définir les femmes?: Vigée-Lebrun's Portraits of an Artist》, Eighteenth-Century Studies,Summer 1992, vol. 25, no. 4, pp. 441-467.

김한결_전남대학교 사학과 조교수

프랑스 파리1대학 팡테옹소르본 미술사학과를 졸업하고 현재 전남대학교 사학과에서 근무하고 있다. 역서로 『박물관의 탄생』, 논문으로 「『이미지가 우리에게 말해주는 것』 읽기—아카데미아와 그 해설」 「분류하고 저장하고 기억하기: 프랑스혁명과 아카이브」(공저) 등이 있다. 역사와 예술의 관계, 전시와 미술사 서술의 역사에 관심을 가지고 연구중에 있다.

규방

여성의

로맨스

조선시대 상층 사회에서 사랑은 결혼과 무관한 것으로 여겨졌
다. 양반가에서 결혼은 가문과 가문의 결연으로, 당사자 개인의 감정과
관계없이 중매혼의 절차를 갖춰 철저히 공적 이벤트로 진행되었다. 여
기서 중요한 것은 가문의 유지와 번영, 그리고 세습의 문제였지 개인의
취향은 고려 대상이 아니었다. 혼례 당일 배우자를 처음 마주하는 일이
흔했다.

상황이 이러하니 사랑이니 연애니 하는 말들은 조선 양반가
부부와 어울리지 않는 것처럼 느껴진다. 더욱이 양반 남성들은 '외정外
情'이라 불리는 관계를 통해 다양한 형태의 사랑을 할 수 있었다. 외정은
남성의 혼외 관계를 일컫는 말로, 조선시대 남성은 관기제, 축첩제 등에
기반해 다양한 혼외 관계를 맺기도 했다. 그러한 까닭에서인지 남성 문

인의 문학작품에는 주로 혼외 관계의 사랑, 혹은 혼인 이전의 사랑이 집중적으로 그려진다.

그렇다면 상층 여성은 어땠을까. 양반 여성에게는 일부종사나 정절 같은 이념이 요구되었다. 또한 내외법에 따라 남성과의 만남 자체가 어려웠고 결혼 후에는 규방이라 불린 깊숙한 안채에서 지내며 외부 출입이 자유롭지 못했다. 그 때문에 그들에게 남녀 관계란 부부 관계, 특히 조선 후기에 이르면 처음 결혼한 남성 한 명에게 국한된 관계를 의미했다. 이처럼 양반가 규방 여성에게 결혼이란 일생 동안 공식적으로 남성과 인연을 맺는 거의 유일한 기회이자 사랑을 하는 데 반드시 필요한 계기였다.

하지만 결혼이 가문의 존영이 우선된 공적 행사였듯, 부부생활 역시 가문의 유지와 번영을 위한 것이어야 했고 부부가 서로에게 열정을 갖고 몰입하는 일은 위험하다고 취급되었다. 당대 부부 관계에서 지켜야 할 규범인 부부유별夫婦有別에서는 부부 간 서로에 대한 열정적 몰입을 경계하라 가르친다. 율곡 이이의 글에 그러한 사유가 잘 나타난다.

> 부부 사이에 이부자리 위에서 정욕을 멋대로 푸는 일이 많아 그 위의를 잃고 있다. 부부가 서로 육체를 가까이 하지 않고서 서로 공경하는 사람은 정말 드물다. 이와 같이 하고서 몸을 닦고 집안을 바르게 하는 일이 또한 어렵지 않겠는가? 반드시 남편은 온화하면서 의리로 통제하고 부인은 순종하면서도 정도로 따라야 한다. 부부 사이의 예의와 공경심을 잃지 않은 다음에야 집안일을 다스릴 수 있다.[1]

부부 관계에서 중시된 것은 서로에 대한 의무적, 도의적 차원의 문제들로, 그것에 해가 될 수 있는 정념, 정욕은 위험한 것이라 여겼다. 물론 양반 남성이야 결혼과 상관없이도 얼마든지 성애를 충족할 수 있었지만 규방 여성은 육체적 관계가 공인된 부부 관계에서마저 관능적 언행을 삼가야 했기에 성애와 무관한 존재여야 했다.

이런 상황을 고려해보면 규방 여성에게 사랑은 너무나 요원한 일처럼 보인다. 그러나 그렇다 한들 그들이 사랑과 무관한 삶을 살지는 않았을 것이다. 아무리 억압적이고 조악한 환경에서 살아간다 해도 인간은 언제나 사랑을 꿈꾸고 사랑을 하는 존재이지 않은가.

규방 여성의 장르, 한글 장편 소설

17세기에 들어서며 조선에서는 장편 소설이 창작되어 인기리에 읽히기 시작한다. 『구운몽』과 같은 소설은 한문과 한글로 모두 유통되며 영조부터 기생에 이르기까지 상하층 남녀 모두에게 인기가 있었는데, 유독 한글로 창작·유통되면서 특히 규방 여성에게 큰 인기를 끈 장르가 있었으니 바로 한글 장편 소설이다.

한글 장편 소설은 한글로 쓰인 매우 긴 분량의 소설로, 소설에서는 주로 상층 가문 사람들의 사랑과 결혼, 가족 간의 갈등이 펼쳐진다. 가문의 이야기가 전개되는 가운데 조선 현실을 살아간 규방 여성의 의식과 감정, 욕망이 스며들어 있어 여가를 즐길 시간적, 경제적 여유를 갖춘 상층 여성이 한글 장편 소설에 매혹됐다. 대부분 작자 미상의 작품이지만 조선 소설 가운데 가장 긴 작품인 180권 180책 『완월회맹연』의 작가가 안겸제의 모친 전주 이씨(1694~1743)로 밝혀지면서 규방 여성이 소설을 즐겨 읽었을 뿐만 아니라 소설을 창작하기도 했다는 사실이 알려졌다.

요컨대 한글 장편 소설은 규방 여성의 장르라 할 수 있다. 여성의 창작 활동이 금기시되고, 더군다나 규방 여성의 '사랑', 절제되고 규제돼야 하는 사정私情을 드러내는 일은 더더욱 불온시되던 시대, 사랑에 대한 여성의 내밀한 욕망이 직설적으로 기록되기 어렵던 상황에서, 한글 장편 소설은 규방 여성의 현실과 내면을 담아낸 장르다.

결 혼 후 의 로 맨 스

『명주기봉』은 24권 24책의 작자 미상 한글 장편 소설로 18세기에 즐겨 읽혔다. 현씨 가문 사람들의 결혼을 둘러싼 이야기가 다채롭게 펼쳐지며 여타 한글 장편 소설에 등장한 웬만한 커플 이야기가 모두 망라되어 있다. 그래서 규방 여성의 사랑에 대한 인식과 환상이 무엇이었는지 알 수 있다.

『명주기봉』의 만남은 결혼에서 비롯한다. 결혼 자체가 남녀의 만남을 의미하고 거기서부터 그들의 이야기가 본격적으로 시작된다. 대부분 당사자가 아닌 중매자에 의해 짝이 지어져 혼사가 진행되며, 스스로 배우자를 구하거나 우연히 누군가를 보고 홀연 짝사랑에 빠졌을 때에도 혼전에 당사자 간 관계가 발전하는 경우는 드물다. 누군가를 연모하게 된 이들은 상대방의 마음을 얻으려 노력하기보다 우선 그 상대와 결혼하려 든다. 부모의 허락 없이 사사로이 연을 맺는 일은 예법에 어긋나기에 도리어 자신의 마음을 숨긴 채, 상대의 의사와도 무관하게,

주변 어른에게 중매를 청하여 서둘러 혼사를 진행한다. 그것이 사랑을 성취하기 위한 가장 현실적이며 효과적인 방도다. 남녀가 서로 마음을 나누고 사랑을 키우는 혼전 연애는 없고, 결혼 이후에야 연애라 부를 만한 과정이 진행되며 그 이야기가 서사의 중심을 차지한다.

그런데『명주기봉』에 전개된 사랑 이야기는 조선 상층의 혼속, 축첩제를 바탕으로 하므로 일부다처 관계 안에서 진행된다. 한 남성이 여러 여성과 결혼을 하는 것이다. 이런 불평등한 관계 속에서 여성들이 무슨 사랑을 했을까 싶지만 그런 현실에서도 사랑에 대한 염원은 존재했다. 소설 속에서 일부다처의 현실이 부정되지 않더라도 주인공 남성은 여러 여성과 결혼한 가운데 대개 한 명의 여성과 진정한 사랑을 한다. 나머지 여성 인물은 작품에 자세히 드러나지 않거나, 다른 여성과의 사랑은 충동적이고 곧 변질되는 것, 이후에 다가올 진정한 사랑을 부각시킬 무엇이 된다. 외형적으로는 일대다의 형태이지만 실질적으로는 일대일 관계에 집중해 이야기가 전개된다. 이와 같은 이야기는 일부다처의 환경에 있으면서도 독점적 애정 관계를 바란 규방 여성의 욕망과 연결된다.

조선시대 일대다의 사랑이 그려진 소설로 가장 유명한 작품은『구운몽』일 것이다.『구운몽』은 양소유가 여덟 명의 여성과 연애하는 이야기가 편력 구조로 전개되는데, 유교적 예교의 속박을 벗고 인간의 욕망을 한껏 펼친 소설로 평가받는다. 여기서 일대다의 관계는 갈등 없이 평화롭고 이상적인 모습으로 그려진다. 양소유는 인연을 맺는 여성 한 명 한 명과 매 순간 진심으로 사랑하고 즐겁게 연애하며 그들은 갈등 없이 오로지 화합한다.

그런데 여덟 명의 여성이 한 남성을 사랑하는 상황에서 갈등이 없을 수 있을까. 여덟 명의 여성이 양소유와는 물론 서로 간에도 전혀 갈등하지 않고 화합하는 이야기는 조선시대라 해도 여성에게 기만적인 것이 아니었을까. 이 이야기에는 일부다처제하의 여성 현실이 완전히 소거되어 있다. 양소유를 둘러싼 여성들은 자신의 욕망이 아닌 양소유의 욕망을 욕망하는, 철저히 남성적 환상에서 탄생한 인물들이며, 『구운몽』에 한껏 펼쳐진 욕망은 인간이 아닌 남성의 욕망에 불과하다.

　　반면 『명주기봉』과 같은 한글 장편 소설에는 일대다 관계에서 발생 가능한 온갖 갈등, 일부다처의 현실에서 여성이 겪는 문제들이 때론 사실적으로 때론 과장되게 다채로이 그려져 있다. 그런 가운데 한 명의 여성 인물이 온갖 갈등 속에서도 남편과 지음의 관계를 이루고 사랑을 독점하는 주인공이 된다. 여성 독자들은 바로 이 한 명의 여성에게 감정을 이입하며 일대다의 관계에서나마 온전한 사랑을 염원했을 것이다.

인격체로　존중받겠다

　　일대다 구도에서 남편의 사랑을 쟁취하기 위해 처첩 간 치열한 경쟁이 이뤄졌을 것 같지만 높은 수준의 유교적 교양을 함양한 여성 주인공은 결코 사랑을 구걸하지 않는다. 애욕을 표출하거나 질투의 감정을 내보이는 일도 없다. 『명주기봉』의 월성공주에게서 그러한 면모가 잘 드러난다.

　　월성공주는 황제가 총애하는 신하 현천린과 결혼한다. 그런데 현천린은 설소저와 이미 정혼한 상황에서 황제의 명 때문에 강제로 파혼하고 공주와 결혼한 상황이었기에 결혼 첫날부터 공주를 박대한다. 뒤늦게 사연을 알게 된 월성공주는 황실의 부당한 처사에 가책을 느끼고 이를 수습하기 위해 파혼 후 수절을 결심한 설소저를 현천린의 둘째 부인이 되도록 주선한다. 이렇게 다시 설소저와 결혼하게 된 현천린은 공주는 외면한 채 설소저에게 흠뻑 매료되어 행복한 나날을 보낸다. 게다가 설소저는 응당 자신의 것이어야 할 위치에 있는 월성공주를 끊임없이 모함한다.

그러나 모함으로 수난을 겪는 월성공주는 설소저에게 직접 대응하지 않는다. 질투나 분노를 표출하는 일도 없다. 이를 두고 흔히 '처첩갈등'이라 하지만, 사실 이 갈등은 처와 첩(혹은 또다른 처)이 직접 갈등하기보다 악의를 품은 첩/처의 계략에 남편이 동조하며 아내에게 온갖 행패를 부리는 방식으로 발현된다. 이 상황에서 주인공 여성, 월성공주가 직접 대항하는 상대는 설소저가 아니라 남편 현천린이고, 갈등의 핵심은 '쟁총爭寵'이 아니라 남편의 '학대'와 그에 대한 '저항'이다.

이렇게 볼 때 월성공주와 현천린 사이에서 불화의 원인은 대개 현천린에게 있다는 사실을 알 수 있다. 현천린은 공주를 오해하고 혐오하며 폭언과 폭행을 서슴지 않는다. 유교 윤리를 앞서 실천해야 할 사회적 명망 높은 그가, 아내 앞에서는 지질하고 패악하기 그지없는 행태를 보이는 것이다. 그 과정에서 공주는 점차 현천린에게 냉담해지지만 그럼에도 한결같이 예의 바른 태도를 고수하며 도의적 의무를 다한다. 여기서 유교 윤리를 일상에서 오롯이 실천하는 이는 군자의 명망을 누리는 현천린이 아니라 품위 있는 그녀, 월성공주이다. 그러다가 현천린은 설소저의 계략을 알게 되는 한편 월성공주가 얼마나 지혜로우며 인격적으로 훌륭한지를 깨닫고 차츰 공주에게 호감을 느끼다 사랑에 빠진다.

관계가 이렇게 전개될 즈음 현천린은 사랑의 열병에 시달리지만 이미 상처 입은 공주는 쉽사리 마음을 열지 않으므로 현천린이 공주에게 열렬히 구애하는 구도가 만들어지며, 이로써 공주는 도덕적 우월성뿐만 아니라 감정적 우월성까지 획득한다.

이때 월성공주와 현천린이 화합의 관계로 나아가기 위해 필요한 것은 무엇일까. 그것은 바로 '상호 존중에 기반한 인격적 교류'다. 이 상황에서 월성공주가 절박하게 바라는 것은 열정적 사랑이 아니라 자신을 인격적으로 존중해주는 태도다. 결혼 후 현천린에게 당한 부당한 일들로 깊은 상처를 입은 공주는 그가 돌연 자신을 사랑한다며 열정적으로 구애할 때 큰 감흥을 느끼지 못한다. 현천린이 감정에 이끌려 자신에게 행패를 부린 일을 이미 겪었기에 다시 감정에 이끌려 사랑을 구하는 행위가 얼마나 덧없는 것인지 잘 알고 있었다. 그래서 변질되기 쉬운 감정을 앞세워 사랑을 운운하기 전에 인격적으로 자신을 존중해주길 바란다. 현천린이 진심으로 과거를 반성하고 공주를 예우하고서야 공주는 점차 마음을 열고 잠자리를 허락하여 비로소 남편과 금슬 좋은 부부가 된다.

이러한 양상은 소설 밖 조선의 현실이 반영된 것이라 생각해볼 수 있다. 삼종지도와 일부종사가 당연하며, 남편이 "혹 때리고 혹 꾸짖는 일이 있다 하더라도 당연한 것으로 받들어야 하며, 감히 말대답을 한다든가 성을 내어서는 안 된다"[2]고 배운 규방 여성들은 평생의 반려자에게 변화무쌍한 정념보다 자신을 존중해주는 일관된 태도를 우선 바랐을 것이다. 더욱이 공적 활동이 부재한 규방 여성으로서 가문에서 그 존재를 인정받고, 인격체로 존중받는 일은 삶을 통틀어 중요하고도 절실한 문제였으리라.

        모든 것을 초월할 것 같은 사랑의 관계에서조차 남성은 기득한 '인격'에 대해 달리 고민할 필요 없이 자신의 감정에 따라 사랑에 빠지면 되었지만 여성은 남성과의 관계에서 결여된 인격을 힘써 주장해야 했다. 생득적으로 주어지지 않았던 인격적 존중, 그것이 전제되었을 때에야 비로소 상대와 감성을 나누고 성애적 사랑을 시작한 월성공주에게서 조선 규방 여성들의 현실과 바람을 읽을 수 있다.

주
1)   이종묵, 『부부』, 문학동네, 2011, 108쪽.
2)   소혜왕후 한씨, 이민수 교주, 「부부장」, 『내훈』, 홍신문화사, 1985, 77쪽.

참고문헌
『명주기봉』 24권 24책, 문화재관리국 · 장서각 영인본, 1978.
김만중, 『구운몽』, 정병설 옮김, 문학동네, 2013.
고은임, 「『명주기봉』의 애정형상 연구」, 서울대 석사논문, 2010.
마르티나 도이힐러, 『한국 사회의 유교적 변환』, 이훈상 옮김, 아카넷, 2003.
소혜왕후 한씨, 『內訓』, 이민수 교주, 홍신문화사, 1985.
이종묵, 『부부』, 문학동네, 2011.
정병설, 『완월회맹연 연구』, 태학사, 1998.

고은임_아주대학교 국어국문학과 강사
서울대학교 국어국문학과에서 「한글장편소설의 관계윤리 연구」로 박사학위를 받았다. 최근 논문으로는 「한글장편소설의 동성애적 감성 형상화 장면」「한글장편소설 여성인물의 비혼에 대한 희구」「부녀관계를 중심으로 읽는 "심청전"」 등이 있으며, 현재 조선의 소설을 토대로 조선 후기 감정사를 연구하는 작업에 관심을 갖고 있다.

남자를 미워한 남자

가보옥의

사랑 이야기

　　남녀 간의 사랑 이야기인 재자가인 소설은 17세기 중후기에 특히 성행했다. 매력적인 두 남녀가 중매를 통해서가 아니라 첫눈에 반해 사랑에 빠지고, 우여곡절을 겪다가 남주인공의 과거 급제를 계기로 재회해 행복한 여생을 보낸다는 내용이다. 두 쌍 이상의 연인이나 일부다처의 인연을 그린 작품이 많다. 이 작품군은 대체로 남성 문인의 욕망과 환상, 통속적인 독자의 취향을 반영하고 있다. 한편 18세기 『홍루몽』은 성과 사랑이라는 관점에서 재자가인 소설과는 다른 차원의 독특한 감각과 섬세한 필치를 보여준다. 주인공 가보옥의 여성적 취향과 과거에 대한 혐오, 연인과의 엇갈린 비극적 사랑은 18세기의 산물이면서 그 시대를 뛰어넘는 독특한 가치와 감성을 보여준다.

　　엄밀히 말해 중국에서 본격적인 소설의 시대는 16세기경부터

IU-KIAO-LI,

OU

LES DEUX COUSINES;

Roman Chinois,

TRADUIT PAR M. ABEL-RÉMUSAT;

PRÉCÉDÉ D'UNE PRÉFACE

OÙ SE TROUVE UN PARALLÈLE DES ROMANS DE LA CHINE ET DE CEUX DE L'EUROPE.

TOME TROISIÈME.

PARIS,

MOUTARDIER, LIBRAIRE,

RUE GÎT-LE-CŒUR, N° 4.

1826.

아벨 레뮈자는 불어로 『옥교리』를 번역해 1826년 파리에서 간행하였다.

시작됐다. 이때부터 비로소 작가가 쓴 작품을 출판업자가 책으로 만들어 서점에 내놓으면 독자가 자신의 취향에 따라 구매해서 읽는 출판시장이 충분히 활성화되었다. 중국에서 비교적 편폭이 있는 사랑 이야기는 당대의 「앵앵전」 「이와전」 「곽소옥전」 등을 들 수 있다. 하지만 17세기 재자가인 소설은 상업적인 출판시장에서 대량으로 작품이 출현했다는 점에서 당대와는 사회문화적 배경이 다르다. 『옥교리玉嬌梨』와 뒤이은 『평산냉연平山冷燕』의 흥행을 시작으로 재자가인 소설은 청대 초기, 특히 1650~1670년대에 성행하였다.

예를 들어 『옥교리』는 소우백과 그의 두 연인인 백홍옥, 노몽리 간의 사랑 이야기를 그리고 있다.

노몽리는 한동안 수줍어 머뭇거리다 소우백이 계속 독촉하자 마지

18세기의 사랑

못해 말했다.

"저에게 여동생이 한 명 있는데 열여섯 살로 외모는 저와 비슷하고 시와 문을 배웠습니다. 부친께서 돌아가신 후 저희 오누이는 실로 스승이자 친구 사이였습니다. 어제 집에서 우연히 멋스럽고 훌륭한 형님을 보게 되니 혼기가 찬 여동생 생각이 났습니다. 제가 그 아이 마음을 아는데 형님을 만나보니 배필로 직접 소개해주고 싶습니다."(14회)

이는 노몽리가 남장을 하고 여동생의 혼사를 빌미로 소우백에게 평생을 함께하고 싶다고 고백하는 장면이다. 이처럼 재자가인 소설에서는 여성이 남성보다 더 주도적이고 적극적인 모습으로 그려진다. 다음은 또다른 여주인공 백홍옥을 소개하는 대목이다.

홍옥은 빼어난 미모를 가지고 있었으니 정말로 눈썹은 봄버들 같았고. 눈은 가을 물결보다 맑았다. 게다가 타고난 자질이 총명하고 지혜로웠다. 여덟아홉 살 때 바느질과 자수를 배웠는데 다 남보다 뛰어났다. 그런데 불행히도 열한 살 때 모친 오씨가 먼저 세상을 떠났다. 이후로 그는 매일 부친을 따라 글자를 익히며 책을 읽었다. 산천의 빼어난 정기, 천지 음양의 조화로운 기운을 받아 태어났기에, 그녀는 빼어난 미모에 총명함까지 갖추고 있었다. 열네댓 살이 되자 그녀는 학식도 있고 글 짓는 데도 뛰어나 여학사라 해도 손색이 없었다. 부친은 시와 술에 감정을 기탁했는데 매일 시를 읊조리다보니 홍옥도 시, 사에 특히 뛰어났다.(1회)

『옥교리』 삽화.
왼쪽이 백홍옥, 오른쪽은 노몽리다.

　　홍옥은 태상정경太常正卿을 지낸 백현白玄이 마흔네 살 늦은 나이에 어렵게 얻은 외동딸이다. 모친은 일찍 세상을 떠나 부친은 딸을 아들처럼 키웠다. 그녀는 아름다운 외모에 바느질, 자수에도 뛰어났고 글공부를 하여 학식까지 갖춘 인재이다. 재자가인 소설에서는 특히 여주인공의 빼어난 시재詩才를 강조한다. 어떤 여주인공은 과거에서 장원을 차지하기도 하고, 배필이 될 사람의 시재를 시험하기도 한다. 남녀 주인공은 대개 시를 통해 서로에 대한 애정과 생각을 교류한다. 기존에 중시되던 후덕한 인품과 절개, 바느질과 자수 솜씨에 더하여 글로 남성과 교감할 수 있는 지기로서의 여성을 이상적인 존재로 설정한다.
　　재자가인 소설에서 그리는 사랑 이야기는 대체로 반복적인 모티브와 패턴화된 전개 방식을 보인다. 재자와 가인은 부모의 간섭 없이 첫눈에 반해 사랑의 열정에 빠져든다. 그런데 방해자의 핍박과 계략, 남녀 간의 오해와 착각 때문에 재회가 계속 '지연'된다. 독자는 둘의 만남과 사랑을 방해하는 이들에 분노하고, 오해와 착각으로 재회가 미뤄지는 상황을 안타까워한다. 마침내 남자 주인공은 과거에 급제하고 모든 갈등과 문제가 일시에 해결되면서 재회가 이루어지고 두 사람은 바라던 혼인을 한다. 많은 작품에서 한 쌍의 남녀를 등장시키기보다 두 쌍 이상이나 일부다처 형태의 인연과 사랑을 그린다. 대체로 성적 묘사와 정사 장면은 절제되어 있고, 남녀 관계에서 서로에 대한 절개를 강조하며 고상한 듯 포장되어 있지만, 일부다처에 대한 환상 속에 남성의 욕망이 투영되어 있다. 재자가 과거에 급제하고 가인과 결혼하여 사회적 성취와 사랑에 모두 성공한다는 이런 스토리는 중간층 문인의 환상과 이상, 통속적인 독자층의 취향을 드러내고 있다.

『 홍 루 몽 』 : 기 이 한 재 자 가 보 옥
—

18세기에 출현한 『홍루몽』에서 재자와 가인의 형상과 사랑은 어떠한 모습일까? 『홍루몽』은 18세기 중엽 북경에서 필사본 형태로 유통되다가 1791년 처음 간행본이 나왔다. 작가 조설근의 개인적 경험과 독특한 감성으로 태어난 주인공 가보옥은, 전통시기 중국 소설에서는 찾아볼 수 없는 '기이'한 재자의 모습이다. 가보옥의 불안하고 불완전한 내면 세계가 작가의 예민한 감각으로 밀도 있게 그려지는데, 이전의 단순하고 예측 가능한 재자의 전형성에서 멀리 벗어나 있다.

필사본 형태로 유통되던 초기 단계에서, 이 작품의 제목은 『석

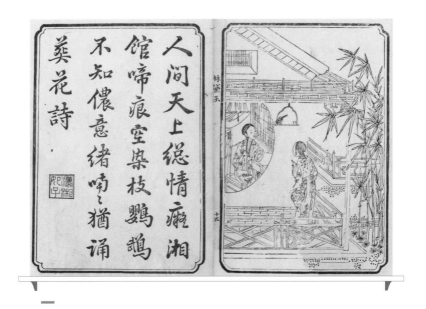

『홍루몽』 삽화, 1792년 정을본(程乙本), 북경사범대학도서관 소장.
정면의 여인은 임대옥이다. 그녀의 거처 소상관(瀟湘館)에는 대나무가 심겨 있다. 왼쪽 7언 4구의 시 중 앞 2구는 이런 내용이다. "인간 세상과 천계에서 늘 사랑에 눈이 멀었었지. 소상관에서의 눈물 자국 부질없이 대나무 가지를 물들였네." 중국에서 상죽(湘竹)의 문양은 눈물 자국에서 유래된 것이라는 전설이 있다.

두기石頭記』였다. 『석두기』란 '돌 위에 새겨진 기록', 혹은 돌이 하계에서 보고 듣고 경험한 '돌 이야기'로 풀이할 수 있다. 이야기는 '여와가 구멍 난 하늘을 보수하다'는 신화로부터 시작된다. 고대 중국 신화에서 여와 는 홍수로 붕괴된 우주의 질서를 재건한 위대한 여신이다. 그녀는 오색 의 돌을 제련해 구멍난 하늘을 보수하고 거북의 네 다리를 잘라 하늘을 떠받치는 기둥으로 삼았다. 그런데 『홍루몽』에서 이 신화는 상징하는 의 미와 맥락이 상당히 변질되어 있다. 소설에서 여와는 36,501개의 거대한 돌을 제련해 구멍난 하늘을 보수했다. 그런데 이 위대한 임무에 쓰임 받지 못하고 청경봉 아래에 홀로 버려진 돌이 하나 있었다. 시간이 흘러 이 돌은 신통하게도 인지능력을 가지게 되었고, 쓰임 받지 못하고 버려진 스스로에 대한 자괴감과 고독감을 느끼고 있었다. 마침 그곳을 지나던 한 승려와 도사의 도움을 받아 이 거대한 돌은 작은 옥으로 변해 인간 세상으로 내려온다. 그렇게 태어난 아이가 이 소설의 주인공 가보옥이다. 보옥이란 입에 물고 태어난 조그만 옥 때문에 붙여진 이름이다. 이 작품은 가보옥의 20년 정도의 짧은 세상 경험을 그린다.

돌이 하계에 내려가고자 했던 것은 선계의 적막감, 인간 세상에 대한 동경과 함께 존재론적 결핍을 충족시키려는 욕망 때문이었다. 돌이 변한 '옥玉: yu'은 '욕망欲: yu'으로 풀 수 있다. 인간은 태어나 누구나 결핍을 채울 다양한 욕망을 꿈꾸며 살아가는 것은 아닐까? '가보옥賈寶玉'은 '가짜 보옥'이란 뜻의 '가보옥假寶玉'과 발음이 동일하다. 이는 표면적으로는 아름답고 화려한 '옥'의 모습을 하고 있지만, 그의 본질적 실체는 돌임을 암시한다.

사마천의 『사기』「자객열전」에는 "선비는 자기를 알아주는 자를 위해 죽고, 여자는 자기를 기쁘게 하는 자를 위해 용모를 꾸민다"는 말이 있다. 이는 남성에게는 사회적인 성취가, 여성에게는 사랑이란 가치가 인생에서 더 중요했다는 말로도 해석할 수 있을 것이다. 그런데 가보옥은 사회적인 성취보다 포괄적인 의미에서 '사랑'이라 통칭할 수 있는 정서, 감정, 정신적인 만족을 더욱 중시하는 경향을 보인다.

가보옥은 부귀한 가문의 유일한 상속자로, '옥'처럼 화려하고 고귀한 인생길이 예정되어 있었다. 하지만 그의 내면은 열등감, 자괴감, 고독감 등 결핍으로 인한 질병으로 병들어 있다. 그는 가족과 친지들로부터 총애를 한몸에 받으며 크지만, 자신은 늘 외톨이라고 느낀다. 그는 혼자 있는 것을 싫어하고 가깝게 지내던 여성들이 자기 곁을 떠나가는 것을 무엇보다 못 견뎌 한다. 시녀가 집으로 돌아갈 것이라고 농담하자 그는 "모두들 떠나버릴 것이라는 사실을 진작 알았다면 나도 태어나지 말았어야 했는데. 나 혼자 외톨이로 남겨지게 되었구나"(19회)라며 슬퍼한다.

그는 남성을 혐오하고 여성을 찬양하고 숭배한다. "여자는 물로 만들어진 육체이고 남자는 진흙으로 만들어진 육체야. 나는 여자를 보면 기분이 상쾌해지지만 남자를 보면 악취가 코를 찌른다니까."(2회) 이는 그가 막 언어를 통해 세상을 표현하고 세상에 남성과 여성이라는 두 개의 성이 존재한다는 사실을 알게 되었을 어린 나이에 했던 말이다. 그는 선천적으로 다른 남자아이들보다 여성적 취향과 기질을 더 강하게 지니고 태어난 아이였는지 모른다. 그것은 가보옥이 아직 자기 의지나 인식이 충분히 발달하지 않았던 돌잡이 행사 때 연지, 분, 비녀, 팔찌와 같은 여자와 관련된 것들만 골라잡는 대목에서도 확인할 수 있다.

게다가 그의 독특한 성장 배경은 남성으로 태어난 자신에 대한 혐오감과, 여성에 대한 동경심을 부추겼을 수 있다. 전통시기 중국에서 일반적인 귀족 가문이라면 어린아이라 해도 남녀 간에 거처를 달리하여 양육했다. 그런데 가보옥은 할머니가 특별히 아끼고 사랑해서 어린아이였을 때부터 자매들과 여자들의 처소에서 성장했다. 총명하고 아름다운 여자 자매들 사이에서 성장하면서 그는 무의식중에 여성을 동경하고 여성적 정서와 가치를 체득하고 추앙하게 된다.

당시 사회가 남성에게 요구하는 적절한 가치와 규범을 교육을 통해 충분히 학습할 시간을 가지지 못하면서, 그의 치우친 인식은 더욱 심화된다. 성장해가면서 그는 아버지의 감시와 시선, 자신이 혐오하는 남자들의 세계에서 벗어나 여자들의 세계로 도피하려 한다. '대관원大觀 園'은 순수하고 깨끗한 여자들만의 독립된 공간으로 보옥에게 이상적인 도피처였다. 그는 아이에서 어른으로 성장하는 중요한 과도기의 시간 대부분을 이 대관원에서 여자들하고 보낸다. 그곳에서의 생활은 독특 한 그의 가치관이 더욱 확고해지는 계기로 작용한다.

어려서부터 그는 빨간색, 향기에 민감하게 반응한다. 그의 거 처 이홍원은 그곳을 찾은 사람들에게 아가씨 방인 듯한 착각을 준다. 보 옥은 외모도 여자같이 생긴 아이로 묘사되며, 종종 여자로 오인받기도 한다. 보옥의 하인 명연은 그가 내세에는 여자로 태어나기를 기원한다. 15년 동안 보옥을 가까이서 지켜봐왔던 그의 할머니는 "틀림없이 원래 여자였는데 남자로 잘못 태어난 것은 아닐까?"(78회)라고 말한다.

한편, 조상의 음덕으로 관계에 진출한 가보옥의 아버지는 아들 이 과거 합격이라는 정상적인 루트를 통해 자신의 꿈을 대신 이뤄주기 를 바랐다. 과거 급제는 당시 모든 지식인이 꿈꾸던 자아의 성취이자, 가문의 영광이고 사회적 이상이었다. 그렇지만 보옥은 그런 기존의 가 치와 이상, 아버지의 꿈을 자기화할 수 없었다. 그는 과거를 통해 관료 가 되고 부귀와 명예를 추구하는 삶을 사는 걸 무엇보다 혐오했다. 그것 은 보옥이 보기에 속되고 타락한 가치요 이상이었다. "그는 본래 사대부 등의 남자들과 만나서 얘기하는 것을 싫어하였으며 사대부 관복을 입고 경조사에 왕래하는 일을 가장 싫어했다."(36회) 기이한 재자 가보옥의 형상은 18세기의 산물이면서 그 시대를 넘어서는 가치, 감성을 내포하 고 있다. 과연 그의 공허함과 결핍은 사회적 이상이 아닌 사랑을 통해서 충족될 수 있을까?

재 자 와 가 인 의 어 긋 난 사 랑
—

『홍루몽』의 중심을 차지하는 이야기는 가보옥과 임대옥, 설보차 간의 사랑 이야기다. 임대옥은 마르고 병약한 서시를 떠올리게 하는 미인이다. 설보차는 살결이 희고 통통한 양귀비에 비견되는 미인으로 그려진다. 대옥은 고모의 딸로 보옥과는 고종사촌, 보차는 이모의 딸로 이종사촌 관계다. 대옥은 여섯 살쯤 모친을 여의고 가씨 집안에 들어와 외할머니의 총애를 받으며 보옥과 같이 성장한다. 그리고 얼마 후 부친까지 사망하면서 그야말로 의지할 데 없는 고아 신세가 된다. 대옥과 보옥은 첫 만남에서 예전에 서로 본 듯한 친근한 인상과 느낌을 받는다.

이 두 사람은 전생에 신영시자와 강주초, 즉 목석木石의 인연으로 설정되어 있다. 두 사람은 어려서부터 같이 성장하며 자연스럽게 서로에 대한 이해가 깊어졌고, 지기로서 서로 사랑하는 관계로 발전한다. 대옥은 보옥의 독특한 성향과 기질을 잘 이해하고, 그가 추구하는 가치, 가고자 하는 길을 지지한다.

설보차는 임대옥보다 몇 년 뒤에 가씨 댁에 들어온다. 하지만 눈치가 빠르고 사려 깊으며 집안일 처리에도 능력을 발휘하면서 위아래 사람들에게 인정과 총애를 받는다. 원만한 그의 성격과 후덕한 인품은 고아에 육신이 병약하고 성격이 예민하고 말투가 직설적인 대옥과 종종 비교된다. 보옥은 대옥에 대한 마음이 여전히 변함없긴 하지만, 때때로 보차의 색다른 매력에 매료된다. 보옥과 보차는 '금옥金玉'의 인연으로 설정되어 있다. 보옥이 입에 물고 태어난 옥과 보차의 금목걸이에는 승려와 도사가 적어놓은 인연을 암시하는 글귀가 새겨져 있었다. 정적 보차가 등장하며 대옥은 점차 불안해지고, 보옥과의 관계에서도 갈등과

청대 손온(孫溫)의 그림. 뤼순박물관 소장.

손온은 19세기 중후반에 활동했던 화가이다. 가보옥은 임대옥과의 첫 만남에서 임대옥에게 옥이 없는 걸
알게 되자 자신의 목에 걸고 있던 옥을 집어던진다. 이는 이후 그들의 엇갈린 운명을 암시한다. (3회)

상처로 눈물을 흘리는 일이 많아졌다. 보차는 대옥과 달리 유가적 규범과 가치를 체화한 인물이다. 그는 친구를 사귀고 공부하는 문제에 관해서 보옥에게 충고한다. 그녀는 보옥에게 과거를 통해 관료가 되는 것은 자아의 성취이자 가문의 명예, 사회적 이상을 구현하는 가장 좋은 길임을 상기시킨다.

집안 어른들은 보옥의 정신이 온전치 못한 틈을 타 계략을 꾸민다. 보옥은 결혼식을 마치고 신방에 들고 난 후에야, 자신의 배우자가 대옥이 아닌 보차임을 알게 된다. 두 사람이 혼인하던 날 밤, 대옥은 그간 자신에게 보옥이 한 사랑의 맹세가 모두 거짓이었다고 오해하며 피를 토하고 죽는다. 보옥과 대옥 간의 운명적인 사랑은 이렇게 서로 간의 오해 속에서 비극적으로 끝이 난다. 그리고 현실적인 조건과 이익에 기반한 작위적인 인연이 맺어진다. 보옥에게 있어서 보차와의 결혼은 사랑의 결실이라기보다, 가문의 상속자로서 책임과 의무에 더 가까웠다. 결국 그는 가문을 부흥시킬 것으로 암시하는 자식을 하나 남긴 채 출가하고 이 세상을 하직한다.

오늘날까지도 이어지고 있는 『홍루몽』 속작에서는 대개 가보옥과 임대옥의 사랑이 해피엔딩으로 마무리되도록 각색하고 있다. 가보옥이 임대옥이 아닌 설보차와 결혼한 것을 안타까워하는 독자들이 많았기 때문이다. 그런데 사실 애당초 가보옥은 결혼 자체를 부정적으로 바라보고 있었다. "어째서 여자들은 남자한테 시집만 가면 남자 냄새에 오염되어 이렇게 못되어져 남자보다도 더 지독해지는 걸까?"(77회) 그에 따르면 여성이 결혼하면 기질, 행동, 가치도 남성처럼 변한다. 여성의 결혼은 남성 사회로의 편입으로, 순수함을 잃어버리는 타락을 의미한다. 그런 측면에서 보옥이 대옥과 꽃의 순수함을 지켜주고자 꽃무덤

손온의 그림, 뤼순박물관 소장.
설보차의 열다섯 살 생일을 맞아 가보옥의 할머니가 극단을 초청해 연회를 베풀어주는 장면이다. (22회)

을 만들어주는 장면은 상징적이다. 어쩌면 가보옥이 꿈꾸었던 진심 어린 정서적 교감과 만족감을 느끼게 해주는 이상적인 남녀 관계는 결혼을 통해서 완성되는 것이 아니었을는지 모른다. 보옥이 추구하던 진실된 남녀 관계는 현실이 아닌 이상적인 사랑을 향해가는 과정인 연애를 통해서나 가능했던 것은 아니었을까? 그래서 결국 가보옥은 현실적인 조건과 의무만이 남은 결혼생활을 거부하고 출가의 형식을 빌려 이 세상을 떠난 것이다. 18세기 중국 사회가 제시하는 사회적 가치도 결혼의 조건도 이상주의자 가보옥에게는 모두 결핍된 내면을 충족시킬 기준과는 거리가 먼 것들이었다.

참고문헌

荑狄散人, 『玉嬌梨』, 太原: 山西古籍出版社, 1994.

孫溫・孫允謨 繪, 旅順博物館 編, 『夢影紅樓: 旅順博物館藏孫溫繪全本紅樓夢』, 上海: 上海古籍出版社, 2017.

曹雪芹, 『紅樓夢』, 北京: 中華書局, 1998.

Abel-Rémusat, *Iu-Kiao-Li ou Les deux cousines; Roman Chinois*, Paris: Moutardier, Libraire, 1826.

최형섭_경상국립대학교 중어중문학과 교수

서울대학교 중어중문학과를 졸업한 뒤 같은 대학원에서 박사학위를 받았다. 현재 경상국립대학교 중어중문학과 교수로 재직하고 있다. 명청시기 소설을 전공하였고, 동서 문화 교류사, 청대의 사회와 문화에 관심을 가지고 있다. 저서로 『개인의식의 성장과 중국소설』 『중화명승』(공저), 역서로는 『무성희』 『지역문화와 국가의식』 『서유기』(공역) 등이 있다.

경전이자

사랑 노래로서의

『시경』

분명히 남녀의 만남과 헤어짐에 대한 노래인데 임금과 신하가
지켜야 할 도리에 대한 교훈으로 보는 사람들이 있었다. 어떻게 이런
해석의 차이가 생겼을까? 옛날의 시 해석은 지금과 어떻게 달랐을까?
3000년 전의 시를 300년 전에 어떻게 해석했는지 알아보자.

사 랑 노 래 의 음 란 성 논 란

『시경』에는 남녀의 사랑을 노래한 작품이 많다. 아름다운 여자
를 자나깨나 그리는 남자, 지금 빨리 자신을 아내로 데려가라고 뭇 남자
들을 유혹하는 여자, 강 건너 놀러가서 작약을 주고받으며 장난치는 연

인처럼 지금도 있을 법한 갖가지 남녀의 연정이 곳곳에 드러난다. 사랑의 감정이 솔직하고 생생하게 표현된 이 노래들은 기원전 7세기 이전 주나라 당시 사람들의 생활상을 잘 반영한 것으로 보인다.

공자는 이들 사랑 노래를 포함한 『시경』의 작품을 한마디로 말해 "사악함이 없다"고 평가했다. 그런데 후대 유학자들은 청춘 남녀의 자유로운 교제와 사랑의 감정 표현이 예법에 맞지 않아 곤혹이었다. 남녀는 엄연히 중매를 거쳐 부모의 허락을 받아야 결혼할 수 있는 법인데 자기들끼리 임의로 만나서 기뻐하고 헤어져서 원망하는 내용이 『시경』 같은 국가 공인 경전에 실린다면 곤란한 일이었다. 이에 한나라 때 모시毛詩 학파나 정현鄭玄은 주나라 후기에 나라가 쇠퇴하면서 예법이 무너지자 각 제후국의 역사를 기록하는 관리들이 난세를 풍자하기 위해 이런 시를 지었다고 보았다. 즉 위정자가 이런 무절제한 사랑 노래를 듣고 각성해 올바른 정치와 풍속 교화에 힘쓰기를 바라며 지은 간언의 시로 해석한 것이다.

하지만 송나라 때 주자는 『시경』의 사랑 노래가 음탕하고 분방한 여자가 지은 시로 보고, 공자의 "사악함이 없다"라는 말은 시의 작자가 아니라 독자를 두고 한 말이라고 하였다. 즉 음란하여 예의를 지키지 않는 남녀의 모습을 반면교사로 삼아 자기 마음 수양의 계기로 삼을 수 있다는 것이다. 이후 주자의 학설은 『시경』 해석의 표준이 되어 18세기 초까지 이어졌다. 강희제의 어명으로 1727년에 편찬된 『흠정시경전설휘찬欽定詩經傳說彙纂』이라는 『시경』 해설서에 주자의 해석을 전부 싣고 모시 등 주자 이전의 해석은 필요한 구절만 뽑아 부록으로 덧붙인 데서 당시의 사정을 짐작할 수 있다.

그런데 18세기 중반 무렵에는 주자 중심의 관점에서 벗어나기 시작했다. 건륭제의 어명으로 1755년에 편찬된 『어찬시의절중御纂詩義折中』의 경우 기본적으로 한나라 모시와 정현의 정치적 『시경』 해석에 따랐다. 사랑 노래에 대한 해석에도 변화가 일어났다. 최술崔述은 주자가 말한 음탕한 자들의 노래 중에는 실제가 아니라 일부러 지어낸 것도 있다면서 이는 임금과 신하, 친구 사이의 감정을 남녀에 빗댄 것이라고 주장했다.

임금과 신하는 정치적 꿈을 이루기 위해 서로를 필요로 한다는 점에서 사랑을 위해 만나는 남녀와 비슷하다. 뜻이 맞지 않아 결별했을 때의 감정도 남녀의 실연과 흡사하다. 『시경』의 작품 중 몇 수를 골라 송나라 주자의 관점과 18세기 청대 학자의 관점을 비교해보자.

날   알 아 줄   사 람
—

먼저 현재 중국 국어 교과서에 실려 있는 『시경』의 대표작 「갈대蒹葭」를 보자.

갈대는 푸르른데 흰 이슬은 서리가 되어가네.
바로 그이는 강물 저쪽에 있는데.
물결 거슬러올라가 그를 따르려니 길이 험하고도 멀고,
물결 따라 건너가 그를 따르려니 여전히 강물 가운데 있네.

늦가을에 강물 험한 길을 따라 사모하는 그이를 찾아간다는 진秦나라 지역의 노래다. 현대에는 품격과 여운이 있는 사랑 노래로 높은 평가를 받는다. 그런데 오무청吳懋淸은 진나라의 임금 목공穆公이 숨어 사는 현인에게 스스로를 낮추자 뛰어난 인재가 모여들어 천하를 제패한 것이 이 시의 창작 배경이라고 생각했다. 그에 따르면 이 시는 현인의 처신이 너무나 고결해 바라보기만 할 뿐 다가갈 수 없음을 한탄하는 내용이다.

오무청은 이 시가 진나라 지역의 노래라는 점과 '그이'를 현인으로 보는 옛 해석을 바탕으로 이 시를 설명할 수 있는 근거를 목공이라는 역사적 인물에서 찾아냈다. 목공의 신하 백리해百里奚는 원래 우虞라는 작은 나라의 대부였는데 외국의 침략으로 나라가 망한 뒤 진나라에 시집가는 공주의 시종으로 딸려 갔다. 그는 나중에 초나라로 달아났는데, 목공이 뒤늦게야 그의 재능을 알아보고 초나라에 다섯 마리 염소의 가죽을 주고 데려와 등용했다. 그때 나이가 이미 일흔이었고 망한 나라 출신의 천한 신분을 외국에서 전격적으로 발탁하기란 쉽지 않았을 것이다. 백리해 또한 자신을 알아봐주는 군주를 위해 능력을 다하여 일개 변방의 제후를 일약 중원의 패자로 만드는 데 혁혁한 공을 세웠으니 비범한 인물은 틀림없었다.

남녀의 사랑 노래로 보아도 좋을 「갈대」라는 시를 풀이하기 위해서 오무청이 이렇게 역사적 인물의 기구한 사연을 동원한 것은 인재 등용의 중요성을 강조하려는 의도에서였다. 또한 독자가 이 시를 읽으면서 '그이'에 자신을 투영하며 재능을 인정받아 발탁되기를 바라는 심리를 겨냥한 것이기도 하다.

남녀 사이의 이야기를 임금과 신하의 관계로 치환하려는 시도를 더 살펴보자. 다음은 정鄭나라 지역의 노래 「치마 걷고褰裳」이다.

그대가 날 사랑한다면 치마 걷고 진수라도 건너가리라.
그대가 날 생각 않는다면야 어찌 다른 사람이 없을까?
바보 같은 미친 녀석아!

주자는 음란한 여자가 사랑하는 사람을 놀리는 말이라고 했다. 그런데 학의행郝懿行은 이것을 신하가 임금에게 자신을 성심으로 아껴주지 않으면 떠나버리겠다고 말하는 것으로 보았다. 여기까지는 주자의 해석과 비슷한 구도다. 그런데 주자가 "다른 사람"을 여자를 사랑하는 다른 남자로 본 반면 학의행은 화자인 현자 대신 임금을 따를 신하로 보았다. 자기 아니라도 임금을 따를 신하야 있겠지만 임금이 미치광이처럼 신하를 함부로 대하기 때문에 그 사람도 오래 견디지 못하리라고 본 것이다.
　　오무청은 「치마 걷고」에서 여자가 자기를 좋아하는 사람을 위해 용모를 꾸미는 것과 선비가 자기를 알아주는 사람을 위해 헌신하는 것을 비유한다고 보았다. 그리고 『춘추좌씨전』에서 정나라의 대부 자태숙이 강대국인 진晉나라의 사신 한선자에게 연회석상에서 이 노래를 불렀다는 고사를 인용했다.

　　자태숙이 「치마 걷고」를 읊자 한선자가 말했다. "제가 여기 있는데 감히 당신이 다른 사람에게 가는 수고를 끼치겠습니까." 자태숙이 감사의 절을 올리니 한선자가 말했다. "당신이 이 시를 말해주니 훌륭합니다. 이번 일이 없었다면 어떻게 우리 두 나라의 우호가 끝까지 가겠습니까."

약소국인 정나라가 신하로서 강대국인 진나라를 섬기면서도 상호 간의 기본 예의를 상기시키기 위해 「치마 걷고」라는 노래를 선곡한 것이다. 당시 정나라는 북쪽으로는 진나라와 남쪽으로는 초나라 사이에 끼어서 현명한 외교술이 절실한 상황이었다. 이 시를 진나라 사신에게 읊은 것은, 진나라가 만약 정나라를 부당하게 억누른다면 초나라를 따르겠다는 의사를 완곡하게 전달한 것으로 풀이할 수 있다. 오무청은 시경이 춘추시대에 외교 수단으로 활용된 사례를 들어 시의 창작 의도를 유추한 것이다. 국제 관계가 남녀 관계에 비유되고, 이들이 또한 군자의 사회적 인간관계에 관한 주장에 활용됐다.

한편 청대 학자들은 남녀의 만남과 혼인을 노래한 시에서 재야의 선비가 벼슬길에 나서기를 저울질하는 마음을 읽어내기도 했다. 「박의 쓴 잎匏有苦葉」을 보자.

> 박에는 쓴 잎이 달려 있고, 제수에는 깊은 나루가 있네.
> 깊으면 옷 입은 채 건너고 얕으면 옷 걷고 건너지.
>
> 흥건히 제수 물 넘쳐흐르고, 요요 까투리가 우네.
> 제수가 넘쳐도 수레바퀴 안 젖는데, 까투리는 울며 수컷을 찾네.
>
> 옹옹 기러기가 울 때 치미는 햇살에 아침이 시작되네.
> 총각이 장가들려면 얼음 녹기 전에 해야 하네.
>
> 뱃사공이 손짓하지만 남들은 건너도 나는 안 하네.
> 남들은 건너도 나는 안 하는 건 내 벗을 기다리기 때문이네.

    주자를 비롯한 역대의 해석에서는 이 시를 일반적으로 음란함을 풍자했다고 보았다. 이광지李光地는 물의 깊이를 시기의 적절함으로 보고, 혼인은 시기와 예법이 다 맞아야 하는데 성급히 짝을 만나는 모습을 풍자하였다고 했다. 하지만 그는 결국 이 시가 뱃사공을 따라서 물을 건너는 사람과 달리 자중하며 세상에 나아갈지 말지를 절도에 맞게 판단하는 현인의 노래로 보았다. 그렇다면 "내 벗"은 배우자가 아닌 나를 알아줄 사람이 된다.

    『어찬시의절중』에서도 군자가 성급히 경세제민에 나서는 것이 아니라 세상에 나아갈지 자기 자리에 머무를지 잘 살피라는 내용으로 풀이했다. 훌륭한 군주와 현명한 재상이 예로써 서로를 찾는 경우라면 관직에 나아가 세상 사람을 구제하고, 그렇지 않으면 물러나 자중자애하라고 했다. 쓴 잎 달린 박은 아직 쓸 수 없고 깊은 나루는 건너면 안 되며, 넘치는 강물에 수레가 젖지 않는 것은 명성만 대단하고 실속이 없는 사람이고, 까투리가 장끼 대신 수컷 길짐승을 찾아 우는 것은 잘못된 사람이 감언이설로 꾀는 것을 가리킨다. 장가들 남자가 폐백으로 기러기를 준비해 얼음이 녹기 전의 혼례 시기를 놓치지 않듯이, 군자는 때를 잘 살펴서 처신해야 한다. 뱃사공이 부른다고 배를 타는 것이 아니라 뜻을 함께하는 벗이 와야 물을 건너듯이, 실권자가 제대로 된 사람이 아니라면 차라리 물러나 도리를 지키며 다른 때를 기다려야 한다고 하였다. 이런 해석은 남녀가 제대로 된 짝을 만나 함께하는 것을 비유한다고 한 주자의 해석과 대조된다. 즉 이들 청대 학자의 관점에서 보았을 때 「박의 쓴 잎」은 지식인의 처세술을 우의적으로 노래한 잠언 성격의 시다. 까투리가 짝을 찾고 총각이 혼례를 서두르는 모습은 표면적으로는 남녀의 사랑을 뜻하지만 사실은 처세의 비유로 쓰였다는 것이다.

버 려 진 이 의 상 심
—

『시경』에서 정나라 지역의 노래는 주자가 말하는 음란한 여자의 노래가 많기로 유명하다. 한나라 때는 정나라의 특정 임금을 풍자한 정치적 시도로 보았다. 하지만 18세기 청나라에 들어서 특정 인물이 아니라 임금과 신하의 긴장 관계로 일반화하려는 시각이 있었다. 먼저「산에는 무궁화山有扶蘇」를 보자.

> 산에는 무궁화가 있고 늪에는 연꽃이 있네.
> 자도 같은 미남은 못 보고 미치광이를 보는구나.

주자는 음란한 여자가 애인에게 자신이 잘생긴 자도가 아니라 이런 미치광이를 만나게 되었다며 놀리는 내용으로 풀이했다. 산과 무궁화, 늪과 연꽃이 각각 잘 어울리지만 여자는 미남과 짝이 되지 못했다는 원망이라는 말이다. 그런데 요제항姚際恒은 산의 큰 나무는 아름다운 인재요, 늪의 연꽃은 비천하고 불미스러운 것이므로 이 노래를 훌륭한 인재를 버리고 형편없는 사람을 쓰는 임금에 대한 풍자라고 해석했다. 개별 사물의 속성과 사물 간의 관계를 어떻게 보느냐에 따라 해석이 달라진 셈이다. 시의 특성상 문장의 주어가 없고 창작 환경이 전해지지 않아 비유의 맥락을 알기 어려워서 생긴 차이이다.
정나라에는「교활한 녀석狡童」이라는 노래도 있었다.

> 저 교활한 녀석은 나와 말도 안 하네.
> 자기 때문에 나는 밥도 못 먹겠는데.

주자는 음란한 여자가 절교당한 뒤 애인에게 "너 때문에 내가 밥을 못 먹을까보냐!"라고 놀리는 말로 보았다. 반면『어찬시의절중』에서는 '교활한 녀석'을 소인배로 해석해 조정에서 소인배가 군자와 말도 안 하고 그를 배척하니 군자는 나라와 임금이 걱정되어 밥도 못 먹는 내용으로 설명했다. 각자의 관점에 따라 사랑 노래를 일관되게 풀이함을 알 수 있다.

　　이것은 시를 적힌 문구 그대로 볼 것이냐 아니면 이면의 다른 사실을 비유한 것으로 볼 것이냐의 차이이다. 한용운의「님의 침묵」에서 '님'을 있는 그대로 보면 화자가 사랑하는 사람이지만 시인이 승려였다는 점에 근거하면 불교의 깨달음이며 창작된 시대 상황으로 보면 일제에 빼앗긴 나라로 다양하게 해석할 수 있다. 저자와 창작 시기가 분명한 시도 해석이 다양할진대『시경』처럼 텍스트 이외에 모든 것이 불분명한 경우에는 해석이 엇갈리는 것도 당연하다.

엄격한 경전에서
순수한 사랑 노래로
—

　　18세기 청나라에는『시경』의 남녀 사랑 노래를 지식인이 신하로서 임금이나 다른 간신들에게 어떻게 대처할 것인가에 대한 비유로 보려는 사람들이 있었다. 아무리 노골적이고 직접적인 사랑 감정의 표현이라 해도, 경전에 실렸기에 세상을 바로잡는 데 도움이 되도록 풀이해야 했다. 20세기에 왕조가 무너지자, 학자들은『시경』의 사랑 노래를 순수한 서민 남녀의 사랑 그 자체를 읊고 기록한 내용으로 보고자 했다.

시대가 바뀌면 관점도 바뀌는 법이다. 다만 만남과 헤어짐에서 빚어지는 사랑의 감정은 예나 지금이나 그대로일 것이다.

참고문헌
김학주 역, 『새로 옮긴 시경』, 명문당, 2010.
정상홍 역, 『시경』, 을유문화사, 2014.

────
이욱진_충북대학교 중어중문학과 조교수
서울대학교에서 『시경』의 은유를 공부하여 박사학위를 받았다. 『시경』 창작 당시의 궁정문화와 군자계층에 대한 사회적 연구를 진행하고 있다. 『협주명현십초시』, 『악부시집 청상곡사』, 주자청의 『시언지변』을 번역했다.

18세기의 사랑

낭만의 혁명과 연애의 탄생

초판 인쇄 2023년 12월 26일 | 초판 발행 2024년 1월 9일

지은이 이영목·김영욱·민은경 외
기획·책임편집 구민정 | 편집 임혜지
디자인 김하얀 | 저작권 박지영 형소진 최은진 서연주 오서영
마케팅 정민호 서지화 한민아 이민경 안남영 왕지경 황승현 김혜원 김하연 김예진
브랜딩 함유지 함근아 고보미 박민재 김희숙 박다솔 조다현 정승민 배진성
제작 강신은 김동욱 이순호 | 제작처 한영문화사(인쇄) 경일제책사(제본)

펴낸곳 (주)문학동네 | 펴낸이 김소영
출판등록 1993년 10월 22일 제2003-000045호
주소 10881 경기도 파주시 회동길 210
전자우편 editor@munhak.com | 대표전화 031)955-8888 | 팩스 031)955-8855
문의전화 031)955-3576(마케팅), 031)955-2671(편집)
문학동네카페 http://cafe.naver.com/mhdn
인스타그램 @munhakdongne | 트위터 @munhakdongne
북클럽문학동네 http://bookclubmunhak.com

ISBN 978-89-546-9728-6 03900

www.munhak.com